AF591266

22 déc. 1884 – 24 décembre 1884

CATALOGUE

DE

BONS LIVRES

ANCIENS ET MODERNES

BIEN CONDITIONNÉS

BEAUX-ARTS, LITTÉRATURE, HISTOIRE

LIVRES A FIGURES

OUVRAGES SUR LA CHASSE

PROVENANT DE LA BIBLIOTHÈQUE D'UN AMATEUR

DONT LA VENTE AURA LIEU

Du Lundi 22 *au Mercredi* 24 *Décembre* 1884

A SEPT HEURES ET DEMIE DU SOIR

RUE DES BONS-ENFANTS, 28

Par le Ministère de Me **GEORGES BOULLAND**, Commissaire-Priseur,

26, Rue des Petits-Champs, 26

Assisté de M. A. **CHOSSONNERY**, Libraire-expert

PARIS

ANTONIN CHOSSONNERY

Libraire de la Bibliothèque de l'Arsenal

47, QUAI DES GRANDS-AUGUSTINS, 47

1884

22 déc. 1884 — 24 décembre 1884

CATALOGUE

DE

BONS LIVRES

ANCIENS ET MODERNES

BIEN CONDITIONNÉS

BEAUX-ARTS, LITTÉRATURE, HISTOIRE

LIVRES A FIGURES

OUVRAGES SUR LA CHASSE

PROVENANT DE LA BIBLIOTHÈQUE D'UN AMATEUR

DONT LA VENTE AURA LIEU

Du Lundi 22 *au Mercredi* 24 *Décembre* 1884

A SEPT HEURES ET DEMIE DU SOIR

RUE DES BONS-ENFANTS, 28

Par le Ministère de Me **GEORGES BOULLAND**, Commissaire-Priseur,

26, Rue des Petits-Champs, 26

Assisté de M. A. **CHOSSONNERY**, Libraire-expert

PARIS

ANTONIN CHOSSONNERY

Libraire de la Bibliothèque de l'Arsenal

47, QUAI DES GRANDS-AUGUSTINS, 47

1884

EN DISTRIBUTION

CATALOGUE

DE

LIVRES RARES OU CURIEUX

ET D'UNE

COLLECTION IMPORTANTE

SUR LA

REVOLUTION FRANÇAISE

Provenant

DE LA BIBLIOTHÈQUE DE M. LE COMTE B. DE NADAILLAC

La vente aura lieu du lundi 19 au jeudi 29 janvier 1885

par le ministère de

MM. Maurice DELESTRE et Léon TUAL

commissaires-priseurs,

Assistés de M. A. CHOSSONNERY, libraire-expert, quai des Grands-Augustins, 47.

CATALOGUE DE LIVRES & PIÈCES RARES

SUR PARIS ET LES PROVINCES

En vente aux prix marqués, 3,400 numéros

EN SOUSCRIPTION

LE CHATEAU DE LA BASTIE D'URFÉ

SA DESCRIPTION ET SON HISTOIRE

Par le Comte de SOULTRAIT

Illustrations par Stéph. Geoffray, Uberti, Lucien Gautier, Pirodon, etc.

Fort volume in-4° jésus, 10 planches hors texte et plus de 50 figures dans le texte.

Prix de la souscription : **30** francs.

ANGERS, IMP. BURDIN ET Cie, RUE GARNIER

CATALOGUE

DE

BONS LIVRES

ANCIENS ET MODERNES

BIEN CONDITIONNÉS

BEAUX-ARTS, LITTÉRATURE, HISTOIRE

LIVRES A FIGURES

OUVRAGES SUR LA CHASSE

PROVENANT DE LA BIBLIOTHÈQUE D'UN AMATEUR

DONT LA VENTE AURA LIEU

Du Lundi 22 *au Mercredi* 24 *Décembre* 1884

A SEPT HEURES ET DEMIE DU SOIR

RUE DES BONS-ENFANTS, 28

Par le Ministère de Me **GEORGES BOULLAND**, Commissaire-Priseur,

26, Rue des Petits-Champs, 26

Assisté de M. A. **CHOSSONNERY**, Libraire-expert

PARIS

ANTONIN CHOSSONNERY

Libraire de la Bibliothèque de l'Arsenal

47, QUAI DES GRANDS-AUGUSTINS, 47

1884

ORDRE DES VACATIONS

PREMIÈRE VACATION. — Lundi 22 décembre, Nos 1 à 205.
DEUXIÈME VACATION. — Mardi 23 décembre, Nos 206 à 410.
TROISIÈME VACATION. — Mercredi 24 décembre, Nos 410 à 510.

Il sera vendu, à la fin de cette Vacation, un grand nombre de Bons Ouvrages de divers genres en lots.

CONDITIONS DE LA VENTE

Les acquéreurs paieront, suivant l'usage, CINQ POUR CENT en sus des enchères, applicables aux frais.

Les articles vendus doivent être collationnés dans les vingt-quatre heures de l'adjudication ; passé ce délai, une fois sortis de la salle de ventes, ils ne seront repris pour aucune cause.

Il y aura exposition, chaque jour de vente, de 2 à 4 heures.

M. A. CHOSSONNERY, libraire-expert chargé de la vente, remplira les commissions des personnes qui ne pourraient y assister.

ANGERS, IMPRIMERIE BURDIN ET Cie, RUE GARNIER, 4.

CATALOGUE

DE

BONS LIVRES

ANCIENS ET MODERNES

BIEN CONDITIONNÉS

PROVENANT DE LA BIBLIOTHÈQUE

D'UN AMATEUR

THÉOLOGIE

---

1. Dictionnaire historique, critique, chronologique, géographique et littéraire de la Bible, par D. Calmet. *Paris*, 1722-28, 4 vol. in-fol., v. br.

   Les deux premiers vol. sont interfoliés et contiennent de nombreuses notes manuscrites d'une main du temps. La table chronol. du IIe vol. manque.

2. Ernest Renan. Les Apôtres. *Paris*, *M. Lévy*, 1866, in-8, br.

3. Id. Saint Paul. *Paris, id.*, 1869, in-8, br.

3. Id. L'Antechrist. *Paris*, *id.*, 1873, in-8, br.

4. Explication des maximes des saints sur la vie intérieure, par Fénelon. *Paris*, 1697, in-12, v. br.

5. Politique tirée des propres paroles de l'Écriture sainte, par Bossuet. *Paris*, 1709, in-4, v. f., tr. dor.

6. Recueil des Oraisons funèbres prononcées par J.-B. Bossuet. *Paris*, 1699, in-12, v. br.

7. Ratherii, episcopi veronensis, opera... edidit Petro et Hier. frat. Balleriniis. *Veronæ*, 1765, in-fol., dem.-v.

   Bonne édition de ce théologien du xe siècle.

8. Œuvres de Gerbert, pape sous le nom de Sylvestre II, par Olleris. *Paris*, 1867, gros in-4, pap. vergé, br.

9. Sermones de adventu quadragesimales auct. Oliveri Maillard. *Paris, Ant. Caillant,* 1498, in-4 goth. à 2 col., 2 part. de 105 et 140 pp. en un vol. in-4, v. m. (*Armoiries.*)

10. Dialogue sur l'éloquence en général et sur celle de la chaire en particulier, par Fénelon. *Paris,* 1718, in-12, v. br.

11. Apologia Jacobi Locher contra Georgium Zingel. *S. d.*, petit in-4 de 8 ff., cart., fig.

Pièce satirique et mordante contre la vente des indulgences.

12. Les Provinciales ou lettres escrites par Louis de Montalte à un provincial de ses amis. *Cologne, P. de La Vallée,* 1657, in-12, mar. rou., larges dent., tr. dor. (*Ancienne reliure.*)

13. Texte primitif des Lettres provinciales de Blaise Pascal. *Paris, Hachette,* 1867, gr. in-8, texte encadré, br.

14. Pensées, fragments et lettres de Blaise Pascal, publié par Faugère. *Paris,* 1844, 2 vol. in-8, br.

15. Discours du P. Jehan Mariana, jésuite. Des grands défauts qui sont en la forme du gouvernement des Jésuites, trad. de l'espagnol en français. *S. l.*, 1625, petit in-8, parch.

16. Essai sur les légendes pieuses du moyen âge, par Alfr. Maury. 1843, in-8, br.

17. Pensées sur divers sujets de religion et de morale, par Bourdaloue, précédées d'une introduction, par M. Silvestre de Sacy. *Paris, Techener,* 1869, 2 vol. in-8, pap. vergé, mar. laval., tr. dor.

18. Étude historique sur la conversion des Slaves au christianisme, par L. Leger. *Paris,* 1868, in-8, br.

19. Dieu dans l'histoire, par de Bunsen, trad. par Dietz. *Paris, Didier,* 1868, in-8, br.

20. Philosophie religieuse, terre et ciel, par Jean Reynaud. *Paris, Furne,* 1854, in-8, dem.-chagr. bleu, n. rogn.

21. Religions et Religion, par Victor Hugo. *Paris, Lévy,* 1880, in-8, br.

JURISPRUDENCE

22. Plaidoyez de Claude Expilly. *Paris*, 1619, in-4, bas. (*Déchirure au bas du titre.*)

23. Registre criminel du Châtelet de Paris, du 6 septembre 1389 au 18 mai 1392, publié par la Société des Bibliophiles français. *Paris, Lahure*, 1861, 2 vol. in-8, pap. vergé de Holl., dem.-chagr. bleu avec coins, tr. sup. dor., n. rogn.

24. De l'origine de la forme et de l'esprit des jugements rendus au moyen âge contre les animaux, par Léon Ménabréa. *Chambéry*, 1846, in-8, dem.-mar. rou., avec coins, tr. sup. dor., n. rogn.

MORALE. — PHILOSOPHIE

25. Dictionnaire philosophique de Voltaire. *Paris, Lefèvre*, 1829, 7 vol. in-8, pap. vél., br. (*De l'édit. publ. par Beuchot.*)

26. Discours de la méthode pour bien conduire sa raison, et chercher la vérité dans les sciences. Plus la dioptrique. Les Météores et la Géométrie, par Descartes. *Leyde, J. Maire*, 1637, in-4, v. br.

27. Les Colloques d'Erasme, traduits par Victor Develay, vignettes gravées à l'eau forte par Chauvet. *Paris, Jouaust*, 1875, 3 vol. in-8, pap. verg., br.

28. Sentimens critiques sur les Caractères de M. de la Bruyère. *Paris, M. Brunet*, 1701, in-12, v. br.

Cet ouvrage est attribué à Ch. Brillon, l'auteur du Théophraste moderne.

29. Le Courtisan de Mess. Balthazar de Castillon. *Paris, Nic. du Chemin*, 1545, in-16, mar. v., fil., tr. dor. (*Anc. reliure.*

30. Portrait ou le véritable caractère de la coquette (par F. de Juvenel). *Paris, Ch. de Sercy*, 1685, in-12, mar. rou. (*Hardy-Menil.*)

31. Dix ans d'enseignement historique à la Faculté des lettres de Nancy, par Louis Lacroix. *Paris, Hachette*, 1865, in-8, br.

SCIENCES PHYSIQUES ET NATURELLES

32. Le Ciel, notions d'astronomie, par Guillemin, illustré de 11 planches tirées en couleur et de 216 vignettes. *Paris, Hachette*, 1864, gr. in-8, br., fig.

33. Histoire du Ciel, par C. Flammarion. *Paris, Hetzel*, 1872, gr. in-8, illustré, br.

34. Istoria e dimostrazioni interno alle macchie solari dal sigr. Galileo Galilei. *Roma*, 1613, in-8, fig., dem.-mar. rou.

35. Mémoire sur les Halos et les phénomènes qui les accompagnent, par Bravais. *Paris*, 1847, in-4, fig., br.

36. L'Espace céleste et la nature tropicale, description physique de l'Univers, par Em. Liais, dessins de Yan' Dargent. *Paris, Garnier*, 1866, gr. in-8, illustré, br.

37. Julii obsequentis prodigiorum liber. *Lugd., J. Tornasium*, 1553, in-16, mar. rou., fil., tr. dor.
Exemplaire aux Armes de De Thou.

38. Etudes sur l'histoire de la Terre et sur les causes des révolutions de sa surface, par de Boucheporn. *Paris*, 1844, in-8, fig., chagr. roug., fil., tr. dor.

39. La Terre avant le déluge, par Louis Figuier. *Paris*, 1863, gr. in-8, illustré, br.

40. Recherches sur les volcans éteints du Vivarais et du Velay, par Faujas de Saint-Fond. *Grenoble*, 1778, in-fol. fig., v. marbr.

41. Mémoire sur les volcans de l'Auvergne, par Rozet. *Paris*, 1834, in-4, carte, br. (*Mouillures*.)

42. Médecine et médecins, par Littré. *Paris, Didier*, 1872, in-8, br.

43. Les Lois de la vie et l'Art de prolonger ses jours, par Rambosson. *Paris*, *Didot*, 1871, in-8, br.

44. L'Homme primitif, par Louis Figuier. *Paris*, *Hachette*, 1870, gr. in-8, fig., br.

45. La Génération de l'homme, ou tableau de l'amour conjugal, par Venette. *Hambourg*, 1751, 2 vol. in-12, fig. dem.-v. f., n. rogn.

46. La Nymphomanie, ou traité de la fureur utérine, par de Bienville. *Amst.*, 1771, in-8, br.

47. L'Art de conserver sa santé, par l'école de Salerne. *Amsterdam*, 1776, in-12, br.

48. Leçons sur la chaleur animale, sur les effets de la chaleur et sur la fièvre, par Claude Bernard. *Paris*, 1876, in-8, fig., br.

49. Leçons élémentaires sur l'Histoire naturelle des animaux (Conchyliologie). *Paris*, 1847, gr. in-8, fig., br.

50. Acclimatation et domestication des animaux utiles, par M. Geoffroy Saint-Hilaire. *Paris*, 1861, in-8, br.

51. Métamorphoses, mœurs et instincts des insectes, par Em. Blanchard. *Paris*, *G. Baillière*, 1868, gr. in-8, illustré, br.

52. Histoire de M. Cryptogame, par Topffer. *Paris*, *Dubochet*, 1846, atlas, in-8 obl., fig., br.

53. Phytographie médicale, ornée de figures coloriées où l'on expose l'Histoire des poissons, tirés du règne végétal, par Jos. Roques. *Paris*, *Didot jeune*, 1821, 2 vol. in-4, pl., dem.-chagr.

54. L'Etudiant micrographe, traité théorique et pratique du microscope et des préparations, par A. Chevalier. *Paris, Delahaye*, 1865, in-8, planches et fig., br.

OUVRAGES SUR LA CHASSE

55. Traité du Droit de chasse (par de Launay). *Paris, G. Quinet*, 1681, in-12, v. br. — Nouvelle instruction pour les Gardes des eaux et forests, pesches et chasses. *Paris*, 1692, in-12, v. br.

56. J. Vitii Venatio novantiqua. *Lugd. Bat. ex off. Elzev.*, 1645, pet. in-12, parch.

57. Le Trésor de Venerie, poème composé en 1394, par Hardouin de Fontaines Guérin, publ. par le baron Jérôme Pichon. *Paris, Aubry*, 1855, pet. in-8, fig., dem.-chagr. laval.

58. Le Livre du roy Modus et de la royne Racio, nouvelle édition, avec une préface, par Elz. Blaze. *Paris*, 1839, pet. in-4, fig., mar., v. fil., tr. supér. dor., n. rogn.

Exemplaire en papier de Hollande.

59. Le Livre du roy Modus et de la royne Racio, découverte bibliographique, par Chassant. *Paris, Aubry*, 1870, gr. in-8 de 15 p., pap. de Holl., cart.

Tiré à 50 exemplaires.

60. La Chasse de Gaston Phœbus, comte de Foix, par Jos. Lavallée. *Paris*, 1854, gr. in-8, fig., br.

61. Le Livre de la Chasse du grand Seneschal de Normandie et les ditz du Bon chien Souillard, publ. par le baron J. Pichon. *Paris, Aubry*, 1867, in-12, cart. perc., n. rogn.

62. Les Chasses de François Ier, racontées par Louis de Brézé, précédées de la Chasse sous les Valois, par le

comte H. de la Ferrière. *Paris*, *Aubry*, 1869, in-12, dem.-mar.v., tr. supér. dor., n. rogn

63. La Chasse royale, composée par le roy Charles IX et dédiée au roy très chestien... Lovys XIII, nouvelle édition publ. par H. Chevreul. *Paris*, *Potier*, 1857, pet. in-8, pap. de Holl., veau fauve, fil., dos orné, tr. dor.

Jolie reliure de Niédrée. Armoiries sur les plats.

64. Traité de Vénerie, par d'Yauville. *Paris*, 1859, gr. in-8, fig., dem.-chagr. v.

65. La Vénerie royale, par Robert de Salnove, publ. par M. Ch. Godde. *Paris*, *s. d.*, gr. in-8, dem.-v. v.

66. La Vénerie de Jacques du Fouilloux. *Angers*, 1844, gr. in-8, fig., dem.-v.

67. Le Parfait chasseur, traité général de toutes les chasses, par Desgraviers. *Paris*, 1810, in-8, fig. et musique, dem.-v. v.

68. Traité général des chasses à courre et à tir, par une société de chasseurs, publ. par Jourdain. *Paris*, *Audot*, 1822, 2 vol. in-8, 36 pl., dem.-v. bl.

69. Musée du Chasseur, première partie contenant les animaux de bois et plaine. *Paris*, 1838, gr. in-8, lithogr. color., dem.-chagr.

70. La Chasse au fusil, par Magné de Marolles. *Paris*, 1836, in-8, br.

70 *bis*. Autre exemplaire. 1836, in-8, dem.-rel.

71. Conseils aux chasseurs sur le tir, la chasse en plaine, par Robinson. *Paris*, 1860, in-8, d.-rel.

72. Traité de la chasse à l'affût, à tir et à courre, par René et Liersel. *Paris*, *Th. Lefèvre*, *s. d.*, in-12, dem.-v. v.

73. Traité des délits et des peines de chasse, par Perrève. *Bourges*, 1845, in-8, dem.-v. bl.

74. Garnier (commandant).

1. Chasse du Chevreuil en France. *Paris*, 1875, gr. in-8, de 46 p.

2. La Chasse du sanglier, du renard, du blaireau et du lapin. 1876, in-8, br.

3. Chasse du loup en France. 1878, in-8, de 87 p.
4. Chasse du lièvre en France. 1879, in-8, br.

75. L'École de la Chasse aux chiens courants ou la Vénerie normande, par le Verrier de La Conterie, édition publ. par le Journal des chasseurs. *Paris, s. d.*, in-8, dem.-ch. viol.

76. Le Plaisir des champs avec la vénerie, volerie et pescherie, poème par Cl. Gauchet, publ. par Prosper Blanchemain. *Paris*, 1869, in-12, br.

77. Traité de la Vénerie par Budé, trad. du latin en françois, par L. Le Roy dict Regius, publ. par H. Chevreul. *Paris, Aug. Aubry*, 1861, pet. in-8, br.

78. Essai de Vénerie, ou l'Art du valet de Limier, par Desgraviers. *Paris*, 1818, in-8, dem.-chagr. v.

79. De l'Autoursserie et de ce qui appartient au vol des oiseaux, par P. de Gommer, seigneur de Lusancy, publ. par H. Chevreul. *Paris, Aubry*, 1878, pet. in-8, br.

80. Étude sur la chasse à l'oiseau au moyen âge. — Une Fauconnerie princière et l'éducation des Faucons, d'après des documents inédits des XIVe et XVe siècles, par Etienne Charavay. *Paris, Aubry*, 1873, gr. in-8, fig. de 32 p., br.

Tiré à 100 exemplaires.

81. L'École du chasseur suivi d'un traité sur l'oisellerie, la pêche (par Cuisin). *Paris*, 1823, in-18, fig., d.-v. v.

82. La Fauconnerie ancienne et moderne, par J. Chenu et B. Des Murs. *Paris*, 1842, in-12, br.

83. La Vérité à cheval, par le comte Savary de Lancosme-Brèves. *Paris*, 1843, gr. in-8, illustré, br.

84. Histoire d'un Braconnier, ou Mémoires de la vie de L. Labruyerre. *Paris, Techener*, 1844, pet. in-8 de 90 p., br.

85. Manuel de la Conservation du gibier par l'extirpation du braconnage, par le capitaine Darwin. *Paris, s. d.*, in-8, br.

86. Le Chien courant, poème de Jean Passerat, publ. par

H. Chevreul. *Paris*, *Aubry*, 1864, pet. in-8, dem.-mar. v., tr. supér. dor., n. rogn.

86 *bis*. Le même, relié en bas. rou., avec armoiries.

87. La Pipée, ou la Chasse des dames, poème en IV chants (par Perrin de Précy). *Paris*, 1808, in-18, dem.-v. f.

88. Les Femmes chasseresses, par d'Houdetot. *Paris*, *Charpentier*, 1849, in-12, br. — Les Veillées de chasse, par le capitaine Mayne-Reid. 1865, in-12, dem.-chagr. — Almanach des chasseurs et des gourmands. In-12, br. — Causeries de gourmets et des chasseurs. 1845, in-18, dem.-v. f.

89. Œconomie générale de la campagne, ou nouvelle maison rustique, par Liger. *Paris*, 1708, 2 vol. in-4, v. — Amusement de la chasse et de la pêche. 1743, 2 vol. v. — Manuel des chasseurs, ou code de la chasse, par Blanc Saint-Bonnet. 1821, in-8, dem.-rel. — Dictionnaire des chasses, par Langlois. 1739, in-18, v. m. — Nouveau Manuel du chasseur, par Thierry, in-18, dem.-chagr. v.

90. Les Oiseaux de la Chine, par l'abbé Armand David et Oustalet. *Paris*, *G. Masson*, 1877, 2 vol. gr. in-8, dont atlas de 124 planches dessinées et lithogr. par Arnoul et color. au pinceau, dem.-mar. bl., av. coins, tr. sup. dor., n. rogn.

BEAUX-ARTS

91. Les Dix livres d'architecture de Vitruve, corrigez et traduits nouvellement en français par Perrault. *Paris*, 1684, in-fol., fig., cart., n. rogn.

92. Les grands Architectes français de la Renaissance, par Adolphe Berty. *Paris*, *Aubry*, 1860, in-8, br.

93. Essai sur l'architecture militaire au moyen âge, par M. Viollet-le-Duc. *Paris*, 1854, gr. in-8, cuir de Russie, avec coins, tr. sup. dor., n. rogn.

94. Essai sur la peinture sur verre ancienne et moderne, par Langlois. *Rouen*, 1832, in-8, planches, dem.-chagr. rou.

95. Lettres familières de Winckelmann. *Amsterdam et Paris*, 1781, in-8, dem.-mar. rou., avec coins, n. rogn.

96. Causeries d'un curieux, variétés d'histoire et d'art, par Feuillet de Conches. *Paris*, *Plon*, 1862, 4 vol. in-8, br.

97. Raphaël, sa vie, son œuvre et son temps, par Eug. Muntz. *Paris*, *Hachette*, 1881, gr. in-8, fac-similé de dessins et 41 planches tirées à part, br.

98. Ingres, sa vie, ses travaux, sa doctrine, par le vicomte H. de Laborde. *Paris*, *H. Plon*, 1870, in-8, br.

99. Gros, sa vie et ses ouvrages, par Delestre. *Paris*, *Renouard*, 1867, gr. in-8, br.

100. Charlet, sa vie, ses lettres, description de son œuvre lithographique, par de La Combe. *Paris*, 1856, in-8, portrait, br.

101. Lettres de Eugène Delacroix (1815-1863), recueillies et publiées par M. Ph. Burty. *Paris*, *Quantin*, 1878, gr. in-8, portr. fac-similé, br.

102. Les Amateurs d'autrefois, par Clément de Ris, huit portraits gravés à l'eau forte. *Paris*, *Plon*, 1877, gr. in-8, br.

103. Les Terres émaillées de Bernard Palissy, inventeur des rustiques Figulines, par Tainturier. *Paris*, 1863, gr. in-8, fig., br.

104. L'Art de l'émail, leçon faite à l'Union centrale des Beaux-Arts le 6 mars 1868, par Claudius Popelin. *Paris*, *s. d.*, gr. in-8 de 60 pp., fig., pap. de Holl., br.

105. Toiles peintes et tapisseries de la ville de Reims, ou la mise en scène du théâtre des confrères de la Passion, planches dessinées et gravées, par C. Leberthois, étude des mystères et explications historiques, par Louis Pa-

ris. *Paris*, 1843, 2 vol. in-4, cart., n. rogn. et atlas gr. in-fol., dem.-mar. rou., avec coins, n. rogn.

Exemplaire avec trois suites de planches dont une color.

106. Catalogue de l'œuvre de Abraham Bosse, par Georges Duplessis. *Paris*, 1859, gr. in-8, br.

107. Les Graveurs du XVIIIe siècle, par le baron Roger Portalis et Henri Béraldi. *Paris*, 1880, 3 vol. gros in-8, pap. verg., n. rogn., br.

108. Notice de quelques copies trompeuses d'estampes anciennes, par Ch. Le Blanc. *Paris*, 1849, in-8, br., de 35 p. et 13 pl.

109. Le Temple des arts ou le cabinet de M. Braamcamp; par de Bastide. *Amsterdam*, 1766, in-4, pap. verg. de Holl., dem.-rel.

Le cabinet de M. Braamcamp comprenait 329 tableaux, vendus en 1771 en 313 lots, qui ont produit 563,852 fr. — Exempl. avec les prix et les noms des acquéreurs.

110. Histoire du costume en France, depuis les temps les plus reculés jusqu'à la fin du XVIIIe siècle, par Quicherat. *Paris*, *Hachette*, 1875, gr. in-8, fig., br.

111. Vues de villes et de scènes d'Italie, de France et de Suisse. *London*, *Fisher*, *s. d.*, 3 vol. in-4, nombr. et jolies gravures, cart. toile verte, ornem. à froid et dor. sur les plats.

112. Album de l'exil, résidence de la branche aînée des Bourbons depuis 1830, quinze vues dessinées et lithographiées par Eugène Grandsire, texte par Théodore Muret. *Paris*, *Bertin*, 1850, atlas in-4 obl., br.

113. Vingt-cinq dessins chinois sur carton de Chine représentant l'éducation des vers à soie et la fabrication des tissus de soie. Gr. in-fol. en cart.

114. Gazette des beaux arts, années 1869 à 1873, 1876 à 1883, in-4, fig., en livraisons. (*Années complètes.*)

115. Le Bulletin des Beaux-Arts. Répertoire des artistes français. Journal donnant la biographie, le portrait et le catalogue de l'œuvre de tous les artistes français, anciens et modernes, ainsi qu'un spécimen de leurs œuvres. *Paris*, 1883, gr. in-8, nombr. gravures sur bois, br.

116. Sous ce numéro, il sera vendu : du *Journal de l'Illustration*, les années 1855, 1874 à 1883 en livrais.; du *Monde illustré*, les années 1857 à sept. 1863, rel. et en livrais.; du *Journal amusant*, les années 1874 à 1883, en livrais.; *Revue de France*, années 1875 à 1878; *Revue des Deux-Mondes*, livraisons diverses des années 1872 à 1874 et 1879 à 1883.

Ce numéro pourra être divisé.

ARCHÉOLOGIE

117. Abrégé des Antiquités nationales ou Recueil de monuments pour servir à l'histoire de France, par Millin. Ouvrage orné de 250 planches. *Paris*, 1837, 4 livrais. in-4, br.

118. Revue archéologique, nouvelle série. *Paris*, *Didier*, 1860 à 1872, 24 vol. gr. in-8, fig., br. (*Manque le titre du tome IV.*)

119. L'Art archéologique, par Ern. Vinet. *Paris*, *Didier*, 1874, in-8, br.

120. Mélanges d'archéologie et d'histoire, par Charles Robert. *Paris*, *Dumoulin*, 1875, in-8, br.

ARTS DIVERS

121. Les Harmonies du son et l'histoire des instruments de musique, par Rambosson. *Paris*, *F. Didot*, 1878, gr. in-8, illustré et chromolith., br.

122. Histoire de W. A. Mozart, sa vie et son œuvre, par de Nissen, traduit de l'allemand, par Sowinski. *Paris*, *Garnier*, 1869, gr. in-8, br.

123. Histoire de Ludwig von Beethoven, par Schindler, traduit par Sowinski. *Paris*, *Garnier*, 1864, gr. in-8, broché.

124. Histoire de la dentelle, par Mme Bury Palliser, trad. par Mme la comtesse de Clermont-Tonnerre, *Paris*, *Didot*, *s. d.*, gr. in-8, fig., br.

125. Histoire de l'horlogerie, depuis son origine jusqu'à nos jours, par P. Dubois, *Paris*, 1849, in-4, fig., demi-chagr. v., n. rogn.

126. Les Ouvriers européens, par Le Play. *Paris, Dentu*, 1877-79, 6 vol. gr. in-8, br.

LIVRES A FIGURES (XVIIIe SIÈCLE)

127. La Henriade de M. de Voltaire. *Londres*, 1728, in-4, front. par de Troy, gravé par Surugue, et 10 grandes figures par de Troy, Lomaine Vlenghels, gravées par Jaurat, Cochin, etc., vignettes et culs-de-lampe, v., br.

Edition originale, exemplaire en papier de Hollande.

128. Paul et Virginie, par J.-B. de Saint-Pierre. *Paris, de l'impr. de Monsieur Didot jeune*, 1789, in-18, 4 figures dont 3 de Moreau, gravées par Gérardet et Halbou, et 1 de J. Vernet, gravée par de Longueil, mar. rou., fil., tr. dor. (Derome).

129. Charles IX, ou l'Ecole des Rois, tragédie en cinq actes et en vers. *Paris, Didot jeune*, 1790, in-8, broch., non coupé.

Exemplaire en papier vélin avec 3 belles figures par Borel, gravées par Berthet et Delignon. Avant la lettre.

130. Gonzalve de Cordoue, ou Grenade reconquise, par de Florian. *Paris, Didot aîné*, 1791. 2 vol. in-8, fig., de Queverdo, cart.

LIVRES A FIGURES (XIXe SIÈCLE)

131. Costumi e fatti dei Briganti che infestano le campagne degl' Appennini fra Roma e Napoli, da B. Pinelli. *Roma*, 1822, in-fol. obl. 22 pl., dem.-rel.

132. Les Classiques de la Table, à l'usage des praticiens et des gens du monde. *Paris*, 1843, in-8, portraits, fig., dem.-mar. rou., tr. p.

133. Voyages en Zigzag ou excursions d'un pensionnat en

vacances dans les cantons suisses et sur le revers italien des Alpes, par R. Topffer. *Paris, Dubochet*, 1844, gr. in-8, illustré dem.-mar. roug. avec coins, tr. dor.

134. Histoire de M. Jabot, par Topffer. *Paris, Garnier*, 1861, in-8, obl. fig., br.

135. Histoire de M. Pensil, par Topffer. *Paris, Garnier*, 1861, in-8, obl. fig. br.

136. Le Livre des mères, les enfants, par Victor Hugo, vignettes par E. Froment. *Paris, Hetzel, s. d.*, in-8, broché.

137. Julie ou la Nouvelle Héloise, par J.-J. Rousseau, vignettes par MM. Tony Johannot, Girardet, etc., gr. par Brugnot. *Paris, Barbier*, 1845, 2 vol. gr. in-8, chagr. roug., orn. sur les plats, tr. dor.

138. Souvenirs d'Italie, expédition de Rome. *Paris, Gihaut, s. d.*, gr. in-fol. pl. (36), dem.-chagr.

139. Jérôme Paturot à la recherche d'une position sociale, par Louis Reybaud, illustré par Grandville. *Paris, Dubochet*, 1846, gr. in-8, v. f., fil., tr. dor.

140. Contes danois, par Andersen, traduits par E. Grégoire et Louis Moland. *Paris, s. d.*, gr. in-8, illustré, broché.

141. Contes fantasques et fantastiques, par Adr. Robert, illustrations d'Horace Castelli. *Paris, s. d.*, gr. in-8, dem.-chagr. rou., tr. supér. dor., n. rogn.

142. Voyage sentimental de Sterne, trad. par J. Janin, illustré par Tony Johannot. *Paris, Ernest Bourdin*, gr. in-8, dem.-chagr. rou.

143. Chants et chansons populaires de la France, édition illustrée d'après les dessins de MM. de Beaumont, Daubigny, Giraud, Meissonier. *Paris, Garnier*, 1848, 3 vol. gr. in-8, dem.-mar. or. avec coins, tr. supér. dor., non rogné.

144. Le Fleuve Amour; histoire, géographie, ethnographie, par C. de Sabir. *Paris*, 1861, in-4, pl., velours v. fil., tr. dor.

145. Picciola, par Saintine, illustrations de Léop. Flameng. *Paris*, *s. d.*, gr. in-8, dem.-mar. v., avec coins, tr. supér. dor., n. rogn.

146. Graziella, par H. de Lamartine, avec les dessins d'Alfred de Curzon. *Paris*, *Hachette*, 1863, in-4, cart. percal.

147. L'Épicurien, par Th. Moore, traduit par H. Butat, dessins de G. Doré. *Paris*, *Dentu*, 1865, in-8, br.

148. Le Capitaine Fracasse, par Théophile Gautier, avec les dessins de Gustave Doré. *Paris*, *Charpentier*, 1866, gr. in-8, en 60 livraisons.

149. Le Livre de mes petits-enfants, par M. Delapalme, dessins par H. Giacomelli. *Paris*, *Hachette*, 1866, gr, in-8, br.

150. L'Oiseau, par Michelet, édition illustrée de 210 vignettes sur bois, dessinées par Giacomelli. *Paris*, *Hachette*, 1867, gr. in 8, br.

151. Pernette, par Victor de Laprade, illustré par Jules Didier. *Paris*, *Didier*, 1870, in-8, br.

152. Ompdrailles le Tombeau-des-Lutteurs, par Léon Cladel, avec 16 eaux-fortes hors texte et 7 dans le texte, par R. Julian. *Paris*. 1879, gr. in-8, br.

Exemplaire sur Japon.

153. La Cigale au cercle des arts libéraux, par Emmanuel Ducros. Eaux-fortes par Eugène Baudouin et Maxime Lalanne, etc. *Paris*, 1880, gr. in-8, br.

154. L'Épée et les Femmes, par Ed. de Beaumont, cinq dessins de Meissonier, tirés hors texte. *Paris*, *Jouaust*, 1881, gr. in-8, illustré, br.

155. Mireille, poème provençal, par Fréd. Mistral, traduction française de l'auteur accompagnée du texte original avec 25 eaux-fortes dessinées et gravées par Eugène Burnand. *Paris*, *Hachette*, 1884, gr. in-4, broché.

BELLES-LETTRES

Auteurs grecs et latins.

156. Histoire de la littérature grecque, jusqu'à Alexandre le Grand, par Otfried Muller, trad. par Hillebrand. *Paris*, 1866, 2 vol. in-8, br.

157. L'Enéide de Virgilio, tradotta da Clemente Bondi inventata ed incisa all aquaforte da B. Pinelli. *Roma*, 1811, in-4 obl., 60 pl., br.

158. Œuvres de Sénèque le philosophe, traduction de Lagrange. *Tours*, An III, 7 vol. in-8, v. rac., fil.

159. Le Banquet de Platon, traduit par Racine et par Mme de *** (de Rochechouart). *Paris*, 1732, in-12, v. f., fil., tr. dor.

160. Pline le jeune, esquisse littéraire et historique du règne de Trajan, trad. du hollandais de Van Hall. *Amst.*, 1823, in-8, jolies vignettes, dem.-mar. ol. avec coins, tr. sup. dor., n. rogn.

161. Guillaume de Tyr et ses continuateurs, texte français du XIIIe siècle, revu et annoté par M. Paulin Paris. *Paris*, *F. Didot*, 1879, 2 vol. gr. in-8, br.

162. Lettres persanes, par Montesquieu, édition publiée par Louis Lacour. *Paris*, *Jouaust*, 1869, in-8, br., pap. verg. de Holl.

163. Mélanges et Variétés, par Jules Janin. *Paris, Jouaust*, 1876, 2 vol. in-12, br.

164. Récit d'une sœur, souvenirs de famille publ. par Mme Craven. *Paris*, *Didier*, 1867, 2 vol. in-8, br.

---

165. Dictionnaire de la langue verte, argots parisiens comparés, 2e édit. *Paris*, *Dentu*, 1867, in-12, br.

POÉSIES

166. Les Poètes français, recueil de chefs-d'œuvre de la poésie française depuis les origines jusqu'à nos jours, avec une notice sur chaque poète, par Asselineau, Baudelaire, Th. de Banville, Th. Gautier, J. Janin, etc., publ. par M. Crépet. *Paris*, *Gide*, 1861-62, 4 vol. in-8, pap. vergé, dem.-mar. br. avec coins, tr. supér. dor., n. rogn.

167. Fables inédites des XIIe, XIIIe et XIVe siècles et fables de Lafontaine, par Robert. *Paris*, 1825, 2 vol. in-8, fig., v. f., fil.

168. Fables de Florian. *Paris*, *Didot aîné*, 1792, in-18, 5 fig., dem.-chag. v., tr. supér. dor.

169. La Vie de saint Alexis, poème du XIe siècle, par Gaston Paris et Léopold Pannier. *Paris, Franck*, 1872, in-8, br.

170. Les Poésies du duc Charles d'Orléans, par Champollion-Figeac. *Paris*, 1843, in-12, br.

171. La Vieille ou les derniers amours d'Ovide, poème français du XIVe siècle, traduit du latin de Richard de Fournival par Jean Lefèvre, publ. par H. Cocheris. *Paris*, 1861, petit in-8, cart. percal.

172. Recueil de poésies françaises des XVe et XVIe siècles, publ. par M. Anatole de Montaiglon. *Paris*, *P. Jannet*, 1855-78, 13 vol. in-12, percal., n. rogn.

173. Œuvres choisies de Joachim du Bellay, précédées d'une notice par Sainte-Beuve, avec un portrait d'après David. *Angers*, 1841, in-8, br.

174. Le Siècle d'or et autres vers divers (par Bérenger de La Tour, d'Albenas). *Lyon, Jean de Tournes et Guil. de Gazeau*, 1551, petit in-8, v. bl., dent., tr. dor.

Bel exemplaire de ce livre rare dédié à Monseigneur de Bresse, évêque de Viviers.

175. Les Œuvres de Clément Marot, de Cahors, en Quercy, *Niort*, *par Thomas Portau*, 1596, in-16, mar. rou., dos et plats ornés, doublé de tabis, tr. dor.

176. Œuvres de Clément Marot, précédées de sa vie, par Charles d'Héricault. *Paris*, *Garnier*, 1867, gr. in-8, pap. de Holl., br.

177. Opus Merlini Cocaii poetæ macaronicorum. *Amst.*, 1692, petit in-8, fig., maroq. rou., fil. (Lortic.)

Exemplaire relié sur brochure. Léger raccommodage et déchirure au titre.

177 *bis*. Th. Bezæ poemata. *Lutet.*, 1548, petit in-8, mar. v., dent. (*Anc. rel. remboîtage.*)

178. L'Ariane, de M. Des Marets. *Leyden*, *Fr. de Heyher*, 1644, 2 part. en 1 vol. in-12, front., fig., mar. rou., orn. sur les plats, tr, dor. cis.

Belle reliure ancienne qui porte la date de 1649 sur le plat. Exemplaire du comte de La Bédoyère.

179. Œuvres complètes de Malherbe, recueillies et annotées, par Lalanne. *Paris*, *Hachette*, 1862, 5 vol. in-8, et album gr. in-8, dem.-mar., avec coins, tr. supér. dor., n. rogn. (*De la collection des grands écrivains.*)

180. Satires du sieur D*** (Boileau). *Paris, L. Billaine, Thierry*, etc., 1669, petit in-8, de 76 p., non compris l'avis au lecteur, le discours sur la satire et la satire sur les gens d'Eglise, mar. rou., fil., tr. supér. dor., n. rog. (Petit.)

181. Œuvres de Boileau, publ. par Berriat-Saint-Prix. *Paris*, 1830, 4 vol. in-8, dem.-v. v., non rogn.

Exemplaire en grand papier vergé.

182. Recueil de pièces en prose et en vers. *Caen*, *J. Cavelier*, 1671, in-12, d.-rel.

L'auteur de cet ouvrage rare est Moisant de Brieux, l'épître dédicatoire à Mme de Crussol est signé de Brieux.

183. Œuvres complettes de Théophile, publ. par M. Alleaume. *Paris, P. Jannet*, 1856, 2 vol. in-12, br.

Exemplaire sur Chine.

184. Maucroix, œuvres diverses, publiées par L. Paris. *Paris*, 1854, 2 vol. in-8, pap. de Holl., v. f., fil., tr. dor. (Petit.)

185. Œuvres poétiques de J.-B. Rousseau, avec un commentaire, par Amar. *Paris*, *Lefèvre*, 1824, 2 vol. in-8, pap. vél., demi-chagr., n. rogn.

186. Épitres, satires, contes, odes et pièces fugitives du poète philosophe, dont plusieurs n'ont point encore paru. *Londres* (*Genève*), 1777, in-8, non rogn. (*4 fig. de Moreau ajoutées.*)

Recueil curieux et piquant par les notes de Voltaire qui l'accompagnent.

187. Poésies érotiques, par le chevalier de Parny. *A l'Isle de Bourbon*, 1778, in-12, papier de Holl., v. f., fil., tr. dor.

188. Satires de Dulorens, publ. par Jouaust. *Paris*, 1869, in-12, dem.-mar. v., avec coins, tr. supér. dor., non rogn.

189. Œuvres de J. Delille. *Paris*, 1804, 18 vol. in-8, fig. de Moreau, bas. m.

190. Œuvres complètes de Bertin. *Paris, Roux-Dufort*, 1824, in-8, front. gr., pap. vél., dem.-chagr. rou., non rogn. (Simier.)

191. Le Poème de la mort, par Amédée Rolland. *Paris*, 1867, gr. in-8, br.

192. Gilbert (*Lot de 12 broch. in-8 sur le poète Gilbert.*)

Le carnaval des auteurs. — Le XVIIIe siècle, satire à Fréron. — Le siège, satire. — Ode sur la mort de S. A. R. Anne-Charlotte de Lorraine. — Gilbert et une furie. — Ode sur la mort de Louis XV. — Mon apologie, satire. — Éloge de Gilbert, par Dumas. — Étude sur Gilbert, par Salmon, etc.

193. Œuvres complètes de Charles Baudelaire. *Paris, Lévy*, 1869-1870, 7 vol. in-12, br.

Les Fleurs du mal. — Curiosités esthétiques. — L'art romantique. — Petits poèmes en prose, les paradis artificiels. — Histoires extraordinaires, par Egard Poë, 2 vol. in-12. — Aventures d'Arthur Gordon Pym, Euréka, par Edg. Poë.

194. Poèmes barbares, par Leconte de Lisle. *Paris, Lemerre*, 1872, in-8, br. (*Mouillures.*)

195. Herman et Dorothée, en IX chants, poème de Gœthe, trad. par Bitaubé. *Paris, Didot jeune*, 1800, in-12, pap. vélin, front., v. f., fil.

196. Bluettes et boutades, par J. Petit-Senn. *Genève, Fick*, 1863, in-18, mar. laval., tr. dor. (*Tiré à petit nombre.*)

THÉATRE

197. Œuvres de Racine (J.), avec des commentaires, par J.-E. Geoffroy. *Paris*, 1808, 7 vol. in-8, portrait par Saint-Aubin, fig. de Masquelier et Choffard, bas. m.

198. Recueil de dissertations sur plusieurs tragédies de Corneille et de Racine. *Paris*, 1740, 2 vol. in-12, v. broché.

199. Le Théâtre de P. Corneille. *Lyon*, *Laurens*, 1698, 5 vol. in-12, cart. br.

200. Œuvres de P. Corneille, publ. par M. Marty-Laveaux. *Paris*, *Hachette*, 1862, 12 vol. et album, gr. in-8, dem.-mar. bl., tr. supér. dor., n. rogn.
Bel exemplaire de la collection des Grands écrivains.

201. Le Moliériste, revue mensuelle, publiée par Georges Monval. *Paris*, *Tresse*, 1880-84, 4 vol. in-8, br.

202. Shakspeare. Jules César, tragédie, trad. en vers français, avec le texte anglais, par Carlhant. *Paris*, *Didot frères*, 1856, gr. in-8, pap. de Holl., mar. rou. tr. dorée.

203. Chatterton, drame par le comte Alfred de Vigny. *Paris*, *H. Souverain*, 1835, in-8, frontispice sur chine, gravé à l'eau-forte, par E. May, broché.

204. Mémoires de M. Goldoni, pour servir à l'histoire de sa vie et à celle de son théâtre. *Paris*, 1787, 3 vol. in-8, v. f., fil., n. rogn.

205. L'Eau de Jouvence, suite de Caliban, par Ernest Renan. *Paris*, *Lévy*, 1881, in-8, br.

ROMANS

206. La Chanson de Roland, texte critique accompagné d'une introduction nouvelle, par Léon Gautier. *Tours*, *Mame*, 1872, 2 vol. gr. in-8, br.

207. Le Roman en vers de Girart de Rossillon, jadis duc de Bourgogne, publié par Mignard. *Paris, Techener*, gr. in-8, fig. n. et color., pap. de Holl., br.

208. Le Romant de Jehan de Paris, publ. par Émile Mabile. *Paris, P. Jannet*, 1855, in-12, br.

Exemplaire sur Chine.

209. Le Roman de la Rose. *Imp. a Paris, chez Jehan Dupré*, in-4 gothique, pap. vergé, fig. sur bois, br.

Réimpression faite par Delarue en 1868.

210. Mélusine, par Jehan d'Arras, publ. par Ch. Brunet. *Paris, P. Jannet*, 1855, in-12, br.

Exemplaire sur Chine.

211. Axiane. *Paris, Aug. Courbé*, 1647, in-8, bas.

212. Partonopeus de Blois, publié pour la première fois d'après le manuscrit de la Bibliothèque de l'Arsenal, par Crapelet. *Paris*, 1834, 2 vol. gr. in-8, dem.-mar. v., tr. supér. dor., non rogn.

213. Les Exilez, par Mme de Ville-Dieu. *Paris, Cl. Barbin*, 1672, 6 vol. in-12, v. br.

214. Notre-Dame de Paris, par Victor Hugo, seconde édition. *Paris, Gosselin*, 1831, 2 vol. in-8, dem.-v. v.

215. Romans champêtres, par George Sand, illustrés par Tony Johannot. *Paris, Hachette*, 1860, 2 vol. in-8, dem.-chagr., br.

216. Madelon, par Edmond About. *Paris, Hachette*, 1863, in-8, dem.-v., tr. supér. dor., non rogn.

217. Le Marquis de Lanrose, par Ed. About. *Paris, Hachette*, 1866, in-8, dem.-parch. bl.

218. Histoire d'un crime, déposition d'un témoin, par Victor Hugo. *Paris, Lévy*, 1877, 2 vol. in-8, br.

219. L'Ane, par Victor Hugo. *Paris, Lévy*, 1880, in-8, broché.

220. Roland furieux, poème héroïque de l'Arioste, trad. nouvelle par d'Ussieux. *Paris, Brunet*, 1775, 4 vol. in-8, portr. grav. par Ficquet, figures de Cochin, v. m., fil., tr. dor.

221. Le Diable amoureux, roman fantastique, par J. Cazotte, publ. par Gérard de Nerval, illustré de 200 dessins, par Ed. de Beaumont. *Paris, Ganivet*, 1845, in-8, broché.

222. Les Aventures de Télémaque, par Fénelon. *Paris, imprim. de Monsieur*, 1790, 2 vol. gr. in-8, pap. vél., portr., fig., v. rac., fil.

CONTES. FACÉTIES

223. La Vraie Histoire comique de Francion, composée par Ch. Sorel, publ. par E. Colombey. *Paris, Delahays*, 1858, in-12, dem.-chag. rou., tr. supér. dor., n. rogn.

224. Les Contes drôlatiques de Balzac, édition illustrée de 425 dessins, par Gustave Doré. *Paris, Garnier*, 1858, petit in-8, br.

225. Contes d'Hamilton. *Paris, Didot aîné*, 1781, 3 vol. in-18, mar. bl., fil., tr. dor. (Derome.)

De la collection du comte d'Artois.

226. Contes de Cantorbery, trad. en vers français de Geoffrey Chancer, par le chev. de Chatelain. *London, Bickering*, 1857, 2 vol. petit in-8, cart. perc., n. rogn.

227. Personnages énigmatiques, histoires mystérieuses, événements peu ou mal connus, par Fr. Buleau, trad. de l'allemand par W. Duckett. *Paris*, 1861, 3 vol. in-12, broch.

228. Scènes populaires, dessinées à la plume par Henry Monnier. *Paris, Dentu*, 1864, in-8, br.

229. Les Bacchanales ou lois de Bacchus, suivies de l'éloge du tabac. Tiré des Burlesques du sieur de La Garenne. *Valence*, 1870, in-8, br.

HISTOIRE

HISTOIRE LITTÉRAIRE. — MÉLANGES. — POLYGRAPHIES

230. Cours de littérature de Lamartine, 1856 à 1865, 120 entretiens. (*Le n° 1 manque.*)

231. Les Gladiateurs de la République des Lettres aux xve, xvie et xviie siècles, par Ch. Nisard. *Paris, Léry*, 1860, 2 vol. in-8, dem.-mar. roug.

231 *bis*. Souvenirs, correspondances, bibliographie, par Ch. Baudelaire. *Paris,* 1872, in-12, br.

232. Rapport sur le progrès des lettres par MM. Sylvestre de Sacy, Paul Féval, Théophile Gautier et Éd. Thierry. *Paris, Impr. Imp.*, 1868, gr. in-8, dem.-chagr. viol., tr. supér. dor.

232 *bis*. Opuscules de Gabriel Peignot, extraits de divers journaux, revues, recueils littéraires, etc., avec introduction de Milsant, eau-forte de Ed. Hédouin. *Paris, Techener*, 1863, gr. in-8, br.

233. Les Méditations historiques de Ph. Camerarius. *Lyon, Ant. de Harsy*, 1610. 3 tomes en 1 vol. in-4, v. f.

234. Les Œuvres de M. de Balzac. *Paris, Th. Jolly*, 1665. 2 vol. in-fol., portr., v. br.

235. Œuvres complètes de Beaumarchais. *S. l.*, 1780. 1 vol. in-8, cart. n. rogn.

236. Œuvres de M. de Fontanes. *Paris, Hachette*, 1839. 2 vol. in-8, dem.-chagr. rouge avec coins, tr. supér. dorée.

237. Œuvres choisies de Lebrun, *Paris, Janet et Cotelle*, 1829, in-8, pap. vélin, portr. dem.-v. rose, n. rogn.

***

238. Œuvres de Pierre Lebrun de l'Acad. française. *Paris*, *Perrotin*, 1844, 2 vol. in-8, br.

239. Œuvres complètes de J.-J. Rousseau. *Paris*, *Dupont*, 1823, 27 vol. in-8, br.

240. Œuvres de Gœthe, trad. par J. Porchat. *Paris*, *Hachette*, 1861-63, 10 vol. in-8, br.

GÉOGRAPHIE

241. Examen critique de l'histoire de la géographie du nouveau continent aux xve et xvie siècles, par Alex. de Humboldt. *Paris*, 1836, 5 vol. in-8, cartes, dem.-v.

242. Géographie d'Hérodote, trad. par Gail. *Paris*, *Imp. roy.*, *s. d.*, 3 vol. in-4, dont atlas, dem.-rel.

243. Histoire de la géographie et des découvertes géographiques depuis les temps les plus reculés jusqu'à nos jours, par Vivien de Saint-Martin. *Paris*, *Hachette*, 1873, gr. in-8, br. et atlas, in-fol., cart.

244. Atlas dressé pour l'histoire de la géographie et des découvertes géographiques, par Vivien de Saint-Martin. *Paris, Hachette*, 1874, 13 cartes in-fol. en cart.

HISTOIRE ANCIENNE (ROMAINE ET GRECQUE)

245. Histoire universelle de J.-A. de Thou. *Londres*, 1734, 16 vol. in-4, v. marb. tr. dor.

Bel exemplaire.

246. Histoire de la Grèce ancienne, par Duruy. *Paris*, *Hachette*, 1862, 2 vol. in-8, br.

247. Histoire du siècle de Périclès, par Filleul. *Paris*, *Didot*, 1873, 2 vol. in-8, br.

248. La Ville et l'Acropole d'Athènes aux diverses époques, par E. Burnouf. *Paris*, *Maisonneuve*, 1877, gr. in-8, fig., br.

249. Histoire de la décadence et de la chute de l'Empire

romain par Gibbon, publ. par Buchon. *Paris*, 1839, 2 gros vol. gr. in-8, br.

250. Réflexions sur les divers Génies du peuple romain, par Saint-Evremond. *Paris*, *Renouard*, 1795, in-8, pap. vél., cart., n. rogn.

251. Les Empereurs romains, par Jules Zeller. *Paris*, *Didier*, 1863, in-8, br.

252. Auguste, sa famille et ses amis. — Tibère et l'Héritage d'Auguste, par Beulé. *Paris*, 1867-68, 2 vol. in-8, br.

253. Histoire de l'Esclavage dans l'antiquité, par Wallon. *Paris*, *Impr. roy.*, 1847, 3 vol. in-8, dem.-v. v.

HISTOIRE DE FRANCE

254. Notice de l'ancienne Gaule, par d'Anville. *Paris*, 1760, in-4, carte, v. br.

255. Géographie de la Gaule au VIe siècle, par A. Longnon, contenant 11 cart. en coul. grav. sur pierre, tir. à part et 3 fig. dans le texte. *Paris*, *Hachette*, 1878, gr. in-8, broch.

256. Histoire de France, par Henri Martin. *Paris*, *Furne*, 1855-70, 17 vol. in-8, br.

257. Histoire de France, par Michelet. *Paris*, *Hachette*, 1833-44, 6 vol. in-8, dem.-rel.

258. Histoire de France, par MM. Henri Bordier et Charton. *Paris*, 1859, 2 vol. gr. in-8, fig., dem.-rel., chagr. rou.

259. Musée des Archives nationales, documents originaux de l'histoire de France, exposés dans l'hôtel Soubise. *Paris*, *Plon*, 1872, in-4, br.

260. Histoire des Gaulois, par Am. Thierry. *Paris*, *Didier*, 1857, 2 vol. in-8, br.

261. Introduction à l'histoire de France ou description physique, politique et monumentale de la Gaule, par

A. de Jouffroy et E. Breton. *Paris, Didot*, 1838, in-fol. (39 planches), dem.-v.

262. Abrégé des guerres de Gaule, des commentaires de César, suivi d'un recueil de l'ordre de guerre des anciens, et d'un traité particulier de la guerre. *Paris, Margat*, 1638, in-4, mar. rou., fil. à compart., tr. dor. (*Anc. reliure*.)

Edition originale. Exemplaire en grand papier.

263. Histoire des institutions mérovingiennes et du gouvernement des Mérovingiens jusqu'à l'édit de 615, par Lehuërou. *Paris*, 1842, in-8, br.

264. Histoire des Carolingiens, par Warnkœnig et Gérard. *Paris*, 1862, 2 vol. in-8, br.

265. Histoire de la pairie de France, tirée du cabinet de M. l'abbé Le Laboureur, qui l'a composé. *Manuscrit* in-fol., XVIIIe siècle, de 253 ff., en ff.

266. Essai sur l'histoire de la formation et des progrès du tiers état, par Aug. Thierry. *Paris, Furne*, 1853, in-8, dem.-mar. roug.

267. Histoire de la rivalité de la France et de l'Angleterre, par Gaillard. *Paris*, 1818, 6 vol. in-8, pap. vél., dem.-cuir de Russie.

268. Recueil de divers écrits pour servir d'éclaircissemens à l'histoire de France, par l'abbé Lebeuf. *Paris*, 1738, 2 vol. in-12, v. jasp.

269. Trois premiers traictez de Jehan Bacquet, des droicts du domaine de la couronne de France avec l'établissement et juridiction de la chambre du trésor. *Paris*, 1580, in-4, mar. v.

Exemplaire aux deuxièmes armes de De Thou. Cet ouvrage lui est dédié.

270. Choix de chroniques et mémoires sur l'histoire de France, publ. par Buchon. *Paris*, 1836-1842, 5 vol. gr. in-8, dem.-rel. et br.

Ph. de Commines. — Guil. de Villeneuve. — Olivier de La Marche. — Mathieu de Coussy. — Chronique de La Pucelle. — Journal d'un Bourgeois de Paris. — Coligny. — Castelnau. — Chroniques d'Enguerraud de Monstrelet. — De Thou. — De La Noue. — Commentaires de Blaise de Montluc.

271. Grande chronique de Matthieu Paris, traduite en français par A. Huillard-Bréholles. *Paris*, 1840, 8 vol. in-8, broch.

272. Chroniques de J. Froissart, publ. par M. Siméon Luce. *Paris*, *Renouard*, 1869-78, 7 vol. in-8, br.

273. Les Mémoires de messire Olivier de La Marche, publ. par Denis Sauvage. *Lyon*, 1561, in-fol., dem.-v. fauve. (*Mouillures et racommodages.*)

274. Les Mémoires de M. le duc de Nevers, gouverneur et lieutenant général pour les rois Charles IX, Henri III et Henri IV, recueillis par de Gomberville. *Paris*, 1665, 2 vol. in-fol., v. br. (*Reliure fatiguée.*)

275. Mémoires de la reine Marguerite (publiés par Auger de Moléon, seigneur de Granier). *Paris*, *Ch. Chapelain*, 1678, petit in-8, dos et coins dem.-mar. bleu, tr. p. *Exemplaire lavé.*)

Edition originale de ces mémoires.

276. Les Historiettes de Tallemant des Reaux, publ. par Monmerqué et Paulin Paris. *Paris*, *Techener*, 1854, 9 vol. in-8, pap. vergé, br.

277. Mémoires du maréchal de Bassompierre, publ. par le marquis de Chantérac. *Paris*, *J. Renouard*, 1870, 4 vol. in-8, br.

278. Journal et Mémoires du marquis d'Argenson, publ. par M. Rathery. *Paris*, 1859-67, 9 vol. in-8, br.

279. Histoire de saint Louis, par Félix Faure. *Paris*, *Hachette*, 1866, 2 vol. in-8, br.

280. Saint Louis et Alfonse de Poitiers, étude sur la réunion des provinces du Midi et de l'Ouest à la couronne, par Boutaric. *Paris*, *Plon*, 1870, in-8, br.

281. La Vie au temps des Trouvères, croyances, usages et mœurs intimes des XIe, XIIe et XIIIe siècles, par Antony Meray. *Paris*, *Claudin*, 1873, in-8, br.

282. La France sous Philippe le Bel, étude sur les institutions politiques et administratives du moyen âge, par Eug. Boutaric. *Paris*, *Plon*, 1861, in-8, br. (*Rare.*)

283. Dépêches des ambassadeurs milanais sur les campagnes de Charles le Hardi, de 1474 à 1477, par le baron de Gingins la Sarra. *Paris*, 1858, 2 vol. gr. in-8, br.

284. Les Écorcheurs sous Charles VII, épisodes de l'histoire militaire de la France au XVe siècle, par A. Tuetey. *Montbéliard*, 1874, 2 vol. in-8.

Exemplaire sur papier vergé tiré à petit nombre.

285. La très curieuse et chevaleresque hystoire de la conqueste de Naples par Charles VIII, publiée par Gonon. *Lyon*, 1842, in-8, pap. de Holl., br.

286. Histoire des guerres civiles de France, contenant tout ce qui s'est passé de plus mémorable sous le règne de François II, Charles IX, Henri III et Henri IV, par Davila, traduit de l'italien par Baudoin. *Paris*, 1644, 2 vol. in-fol., v. marb., tr. dor.

287. Lettres inédites de Dianne de Poytiers, par Guiffrey. *Paris*, *Renouard*, 1866, gr. in-8, pap. vergé, non rogn.

288. De Tristibus Franciæ libri quatuor ex bibliothecæ Lugdunensis codice nunc primum in lucem editi cura et sumptibus. L. Cailhava. *Lugduni*, *Perrin*, 1840, in-4, fig., pap. de Holl., dem.-chag. v., avec coins, fil., tr. supér. dor., non rogn.

289. Relations politiques de la France et de l'Espagne avec l'Écosse au XVIe siècle, par Teulet. *Paris*, *Renouard*, 1862, 5 vol. in-8, br.

290. Journal de Jean Héroard sur l'enfance et la jeunesse de Louis XIII (1601-1628), par Eud. Soulié et Ed. de Barthélemy. *Paris, Didot*, 1868, 2 vol. in-8, br.

291. Le Roi chez la Reine, ou histoire secrète du mariage de Louis XIII et d'Anne d'Autriche, par Armand Baschet. *Paris*, *Plon*, 1866, in-8, br.

292. Louis XIII et Richelieu, par Marius Topin. *Paris*, *Didier*, 1876, in-8, br.

293. Études critiques sur le règne de Louis XIII, le connétable de Luynes, Montauban et La Valteline, par Zeller. *Paris*, *Didier*, 1879, in-8, br.

294. Recueil de 20 pièces sur le marquis d'Ancre, publiées en 1617, en 1 vol. petit in-8, v. f., fil.

295. Histoire de la Fronde, par le comte de Sainte-Aulaire. *Paris*, 1841, 2 vol. gr. in-8, dem.-mar. v., tr. supér. dor., non rogn. (*Taches de rousseur.*)

296. Choix de Mazarinades, publ. par C. Moreau. *Paris*, *Renouard*, 1853, 2 vol. in-8, br.

297. Correspondance administrative sous le règne de Louis XIV, publ. par Depping. *Paris*, *Imp. nat.*, 1850-58, 4 vol. in-4, cart., n. rogn.

298. Histoire de France pendant la minorité de Louis XIV, par Chéruel. *Paris*, *Hachette*, 1879, 4 vol. in-8, br.

299. Souvenirs du règne de Louis XIV, par le comte de Cosnac. *Paris*, *Renouard*, 1866, 6 vol. in-8, br.

300. Lettres et ambassade de messire Ph. Canaye, seigneur de Fresne. *Paris*, 1645, 3 vol. in-fol., v. br. (*Armoiries.*)

Le tome Ier contient un récit du procès criminel fait au Maréchal de Biron, composé par M. de La Guesle.

301. Lettres du cardinal d'Ossat, par Amelot de La Houssaie. *Paris*, 1698, 2 vol. in-4, pap. verg., portrait, v. br. (*Armoiries.*)

302. Le Courtisan prédestiné, ou le duc de Joyeuse, capucin, par de Caillière, dédié à Mademoiselle. *Paris*, 1662, in-8, port., mar. rou., fil., tr. dor.

Exemplaire aux armes de Mlle de Montpensier dite La Grande Mademoiselle, fille de Gaston d'Orléans. La reliure est restaurée.

303. Correspondance de Roger de Rabutin, comte de Bussy, avec sa famille et ses amis (1666-1693), publ. par L. Lalanne. *Paris*, *Charpentier*, 1858, 6 vol. in-12, br.

304. L'Explication de l'édit de Nantes, de M. Bernard, par Soulier. *Paris*, 1683, in-8, mar. rou., tr. dor.

Bel exemplaire relié par Duseuil. Aux armes de Phélipeaux, comte de Ponchartrain, chancelier de France.

305. L'Oracle consulté par les puissances de la terre, sur leur destinée, où l'on voit ce qui se passe aujourd'hui dans la politique, d'une manière divertissante. *Roma*, 1688, in-12, mar. rou., tr. dor. (*Anc. reliure.*)

Satire politique dirigée contre Louis XIV.

306. Les Heures françoises ou les vêpres de Sicile, et les matinées de la Saint-Bartelemi. *Amst.*, 1690, *Paris*, *Panckoucke*, 1852, in-18, dem.-mar. rou., av. coins, tr. supér. dor., n. r.

Jolie petite édition elzévirienne, publ. par les soins de M. J. Chenu.

307. Le Comte de Fersen et la Cour de France, par le baron R. M. de Klinckowstrœm. *Paris, Didot,* 1878, 2 vol. in-8, br.

308. Almanach royal commençant avec la guerre de l'an 1701, jusques ... où est exactement observé le cours du soleil d'injustice avec ses éclipses ou la juste punition du ciel, démontré dans 18 emblèmes gravés en taille douce. *Paris, Imp. roy. du petit Louis, s. d.*, in-4, 18 pl., dem.-vél. (*Rare.*)

309. Histoire de la Révolution française, par Thiers. *Paris*, *Lecointe*, 1834, 10 vol. in-8, br. et figures sur chine, de Raffet ajoutées en un carton.

310. La Révolution, par Edgar Quinet. *Paris, Lacroix,* 1865, 2 vol. in-8, dem.-chagr. roug.

311. Histoire de France pendant trois mois, ou relation des événements qui ont eu lieu à Paris, à Versailles et dans les provinces, du 15 mai au 15 août 1789, par le cousin Jacques (Beffroy de Reigny). *Paris,* 1789, in-8, pap. n. rogn., dem.-chagr. laval.

312. Lettres sur les États-Généraux de 1789, par le duc de Biron. *Paris*, 1865, in-8, de 68 p., portr., pap. verg., br.

313. Histoire de la Révolution du 10 aoust 1792, par Peltier. *Londres*, 1795, 2 vol. in-8, cart., n. rogn.

314. Mémoires relatifs à la famille royale de France pendant la Révolution (par la marquise Govion-Broglio-Solari). *Paris*, 1826, 2 vol. in-8, portrait, br.

315. Vues sur le Gouvernement de la France, par le duc de Broglie, publ. par son fils. *Paris*, *Lévy*, 1870, in-8, dem.-v.

316. Considérations sur la Révolution française, par Fichte, traduit de l'allemand par Jules Barni. *Paris*, *Chamerot*, 1859, in-8, br.

317. Histoire de Louis Philippe d'Orléans et de l'orléanisme, par Crétineau-Joly. *Paris*, 1862, 2 vol. in-8, br.

318. La Bastille dévoilée, ou recueil de pièces authentiques pour servir à son histoire (par Charpentier). *Paris*, 1789-90, 3 vol. en 9 livr. in-8, avec le plan de la Bastille.

319. Louis XVI, Marie-Antoinette et madame Elisabeth, lettres et documents inédits, publ. par M. Feuillet de Conches. *Paris*, *H. Plon*, 1864, 3 vol. in-8, br.

320. Marie-Antoinette, Joseph II, und Leopold II. — Maria Theresia, und Marie-Antoinette, von Alfr. Ritter von Arneth. *Leipzig*, 1865-66, 2 vol. in-8, br.

321. Correspondance inédite de Marie-Antoinette, publ. par le comte P. Vogt d'Hunolstein. *Paris*, 1864, in-8, br.

322. Essai historique sur la vie de Marie-Antoinette. *Londres et Versailles, chez la Montensier*, 1789, 2 part. in-8, portr., br. — Réception du comte d'Artois chez l'électeur de Cologne, frère de la reine. *Bruxelles*, 1789. — Pénitence du comte d'Artois. 2 br. in-8.

323. Almanach historique de la Révolution françoise pour l'année 1792, par Rabaut. *Paris*, *Didot aîné*, 1792, in-18, mar. rou., dent., tr. dor.

Bel exemplaire avec les figures de Moreau avant la lettre.

324. Le Tribunal révolutionnaire de Paris, par Emile Campardon. *Paris*, *Plon*, 1866, 2 vol. in-8, br.

325. Bulletin du Tribunal criminel révolutionnaire. 74 n[os] divers, in-4.

326. Tableaux historiques des campagnes d'Italie depuis l'an IV jusqu'à la bataille de Marengo, estampes gravées d'après les dessins de Carle Vernet. *Paris*, 1806, gr. in-fol., pap. vél., dem.-chagr. rou.

327. Mémoires et correspondance politique et militaire du roi Joseph, publ. par Du Casse. *Paris*, *Perrotin*, 1855, 10 vol. in-8, dem.-v. v.

328. Némésis, satire hebdomadaire, par Barthélemy. 1831, 52 n[os] en 1 vol. in-4, dem.-v. f.

329. Journal officiel du 20 mars au 24 mai 1871. 64 n^os in-fol. en feuilles.

330. Le Cri du peuple, par Jules Vallès, du 22 février au 23 mai 1871. 83 n^os, in-fol. en feuilles.

331. *Paris libre* du 12 avril au 24 mai 1871. 43 n^os, in-fol. en feuilles.

332. Le Vengeur, du 3 février au 24 mai 1875, rédigé par Félix Pyat. 56 n^os, in-fol. en feuilles.

333. Déposition des témoins de l'enquête parlementaire sur l'insurrection du 18 mars, par Henri Ameline. *Paris, Dentu*, 1875, 3 vol. in-12, br.

PARIS ET ENVIRONS

334. Étude historique et topographique sur le plan de Paris de 1540 dit plan de Tapisserie par Alfr. Franklin. *Paris, Aubry*, 1869, in-12, br.

335. Paris sous Philippe le Bel, publ. par Geraud. *Paris, Crapelet*, 1837, in-4, cart., n. r.

336. Recueil très exact et curieux de tout ce qui s'est fait et passé de singulier et mémorable en l'assemblée générale des États tenus à Paris en l'année 1614, par Florimond Rapine. *Paris*, 1651, in-4, parch.

337. Journal d'un voyage à Paris (1657-1658), publié par A. Faugère. *Paris*, 1862, in-8, br.

338. Voyage de Lister à Paris en 1698, par la Société des bibliophiles français. *Paris*, 1873, gr. in-8, br., pap. verg. de Holl.

339. Histoire de la Sainte-Chapelle royale du Palais, par Morand. *Paris*, 1790, in-4, fig., dem.-chagr. v. av. coins, tr. supér. dor., n. rogn.

340. Port-Royal, par Sainte-Beuve. *Paris, Hachette*, 1860, 5 vol. in-8, avec table, br.

341. Un Salon de Paris, 1824-1864, par Mme Ancelot. *Paris, Dentu*, 1866, in-8, fig., photogr., dem.-chagr. v.

342. La Police de Paris dévoilée, par P. Manuel. *Paris*, An II, 2 vol. in-8, front., cart., n. r.

343. Histoire de l'abbaye de Saint-Denis en France, par Mme Félicie d'Ayzac. *Paris, Imp. imp.*, 1861, 2 forts vol. in-8, carte, br.

344. Château de Marly-le-Roi, construit en 1676, détruit en 1798, par A. Guillaumot. *Paris*, *Morel,* 1865, gr. in-fol., planches, dem.-chagr. rou., tr. sup. dor.

345. Histoire de Meaux et du pays Meldois, par Carro. *Meaux*, 1865, gr. in-8, br.

346. Fontainebleau, étude pittoresque sur ce château. par Castellan. *Paris*, 1840, gr. in-8, dem.-mar. n.

PROVINCES

Flandre. — Artois. — Picardie.

347. La Flandre à vol d'oiseau, par H. Havard, illustrations d'après nature, par M. Lalanne. *Paris*, 1883, in-4, broché.

Un des 100 exempl. en grand papier de Hollande (n° 38).

348. Carenci et ses Seigneurs, par d'Héricourt. *Saint-Pol*, 1849, in-8, dem.-rel.

349. Philippe de Remi, sire de Beaumanoir (1246-1296), jurisconsulte et poète national du Beauvaisis, par H. Bordier. *Paris*, *Techener*, 1869, gr. in-8, br.

Tiré à petit nombre.

350. La Châtellenie suzeraine d'Oissery, son terrier, ses costumes, son histoire, par Fernand Labour, dessins par Léon Martin. *Dammartin*, 1876, gr. in-8, br.

Normandie.

351. Description géographique et historique de la haute Normandie, par dom du Plessis. *Paris,* 1740, 2 vol. in-4, carte, v. m.

352. Antiquités anglo-normandes de Ducarel, traduites de l'anglais par Léchaudé d'Anisy. *Caen*, 1823, gr. in-8, fig., cart., n. rogn.

353. L'Émigration normande et la colonisation anglaise en Normandie au xve siècle, par L. Puiseux. *Caen*, 1866, in-8, br.

354. Recherches sur Ledomesday ou sur Liber censualis d'Angleterre, ainsi que sur le Liber de Winton et le Boldon-Book, par Léchaudé-d'Anisy et de Sainte-Marie. *Caen*, 1842, in-4, dem.-chagr. roug.

355. Recherches nobiliaires en Normandie, par un gentilhomme normand (1866-1876). *Caen*, 1876, gr. in-8, broché.

356. Les Origines de Rouen, d'après l'histoire et l'archéologie, par l'abbé Cochet. *Rouen*, 1865, in-8, fig., br.

357. Essais sur le département de la Seine-Inférieure, contenant les districts de Gournay, Neufchâtel, Dieppe, Cany, Montivilliers, Yvetot et Rouen, par Noël. *Rouen*, 1795, 2 tomes dans 1 vol. in-8, dem.-rel.

358. Description historique de l'église de Saint-Ouen, de Rouen, par Gilbert, grav. par H. Langlois. *Rouen*, 1822, gr. in-8, pap. de Holl., cart., n. rogn.

359. Essai historique et descriptif sur l'abbaye de Fontenelle ou de Saint-Wandrille, et sur plusieurs autres monuments des environs, par H. Langlois. *Paris*, 1827, in-8, fig., dem.-chagr. roug.

360. Jean Ango-Dieppe et le manoir de Varengeville (1481-1551), avec une eau-forte, par Alb. Marguery. *Rouen*, 1876, in-4, de 17 p., mar. Laval., fil., n. rogn.

361. Voyage chez les Celtes ou de Paris au Mont-Saint-Michel, par Carnac, suivi d'une notice sur les monuments celtiques des environs de Paris, avec de nombreux dessins lithographiés, par Carro. *Nantes*, 1857, in-8, br.

362. Histoire civile et ecclésiastique du Comté d'Evreux, par P. Le Brasseur. *Paris*, 1722, in-4, v. br. (*Reliure fatiguée.*)

336. Dictionnaire historique de toutes les communes du départ. de l'Eure, par Charpillon. *Les Andelys*, 1868-79, 2 vol. gr. in-8, à 2 col. en livraisons. (*Manque la livrais.* 27, *les* 25 *et* 39 *sont doubles.*)

364. Esquisses sur Navarre, par d'Avannes. *Paris*, 1839, 1 vol. in-8, fig., avec les notes, br.

365. Notices pour servir à l'histoire de la Révolution dans le département de l'Eure, par Boivin-Champeaux. *Evreux*, 1864, in-8, br.

366. Lot de 10 vol. in-8 ou in-12, rel. et br., sur le département de l'Eure.

Vaugeois. Recherches sur l'histoire de la ville de Verneuil, 1835.
Dibon (P.). Essai histor. sur Louviers, 1836.
Gardin. Notice sur la ville de Conches, 1865.
Guilmeth. Notice sur la ville et les environs d'Evreux, 1849.
Blot. Notice sur Evreux, 1880.
Brouard. Catalogue des plantes du département de l'Eure, 1820.
Le Prevost. Dictionnaire des anciens noms de lieu du département de l'Eure, 1839.
Quevilly. Notice sur Beaumesnil, 1873.
Gédéon-Dubreuil. Essai histor. sur Gisors, 1856.
Caresme. Itinéraire de Gisors à Pont-de-l'Arche, 1869.

367. Les Origines de la ville de Caen, par Huet. *Rouen*, 1706, in-8, v. m. (*Reliure fatiguée.*)

368. Les Recherches et antiquités de la ville et université de Caen, par Ch. de Bourgueville. *Caen*, 1588, 2 part. en 1 vol., pet. in-4, v. (*Exemplaire défectueux.*)

369. Vaultier. Mémoire sur les Vaux de Vire d'Olivier Basselin et de Jean Le Houx. *Caen*, 1834. — Fragments sur les poètes français du XVIe siècle, 1834. — De la poésie lyrique en France. *Caen*, 1834. — Essai de traduction de poésie sacrée. *Caen*, 1829. Ens. 4 vol. in-12, dem.-vélin.

370. Recherches historiques sur l'ancien pays de Cinglais, ou diocèse de Bayeux, par Vaultier. *Caen*, 1836, in-8, carte, dem.-chagr. roug.

371. Notice historique sur la ville et les environs d'Orbec, depuis le IXe siècle, par E. Lacour. *Lisieux*, 1867, in-8, broché.

372. Caudebec en Caux, douze dessins d'après nature, gravés à l'eau forte, par P. Carbonnier, texte par R. de

Maulde. *Paris*, 1879, in-fol., papier de Hollande, en carton.

373. Notice, mémoires et documents, publ. par la soc. d'agriculture et d'archéologie du départ. de la Manche. *Saint-Lô*, 1851-82, tome I à IV, première partie et 1er fasc. du tome VI, br.

374. Normandie, 18 vol. in-8 ou in-12, rel. et br.

LANGLOIS. Mémoire sur la peinture sur verre, 1823, fig., d.-chagr. r. (Mouillures.)

IDEM. Notice sur l'incendie de la cathédrale de Rouen. 1823, fig., d. ch. rou.

Notice sur la troisième exposition publique des Beaux-Arts du Calvados, 1811.

FALLUE. Mém. sur les antiquités de la forêt et de la presqu'île de Brotonne, 1837.

DELESTANG. Chorographie. District de Mortagne, 1803.

DELAUNEY. Bayeux et ses environs, 1804.

SURVILLE. Mémoires sur les Thermes de Bayeux, 1822.

GUILLEMETH. Notice sur Lillebonne, 1849.

DURANVILLE. Notice sur le château de Bouvreuil, 1852.

GUILLEMETH. Notice sur Saint-Valery-en-Caux, 1849.

LICQUET. Rech. sur Rouen, 1826.

REVUE DE LA NORMANDIE. Tome X, année 1870, gr. in-8, fig., br.

Languedoc.

375. Histoire générale de Languedoc, par D. Vaissette. *Paris*, 1730-45, 5 vol. in-fol., v. br. (*Légère piqûre de vers aux prem. ff. de la marge infér. du tome V.*)

376. Abrégé de l'histoire générale de Languedoc, par D. J. Vaissette. *Paris*, 1749, 6 vol. in-12, v. m.

377. Les Chroniques de Languedoc, revue du Midi, historique, archéologique, littéraire et bibliographique, publ. par M. de La Pijardière. *Montpellier*, 1875-79, 5 vol. pet. in-4, br.

378. Chants populaires du pays castrais, par Combes. *Castres*, 1862, in-8, cart.

379. Le Château de Roquemaure, poème historique, par Placide Cappeau. — Le siège de Caderousse, poème languedocien de l'abbé Fabre, trad. en français et poésies languedociennes-françaises, par Placide Cappeau. *Paris, Jouaust*, 1875, 2 vol. in-12, br.

380. Histoire de la guerre de Navarre en 1276 et 1277,

par Guil. Anelier de Toulouse, publ. par Francisque Michel. *Paris, Imp. imp.*, 1866, in-4, br.

381. Le Pays basque, sa population, sa langue, ses mœurs, sa littérature et sa musique, par Francisque Michel. *Paris, Didot*, 1862, in-8, br.

Provence.

382. Œuvres choisies du Roi René, publ. par le comte de Quatrebarbes. *Angers*, 1845, 4 tomes en 2 vol. gr. in-4, fig., dem.-mar. rou. avec coins, tr. supér. dor., n. rogn.

Bel exemplaire.

383. La Provence au point de vue des bois, des torrents, et des inondations, par Charles de Ribbe. *Paris*, 1857, in-8, br.

384. Statuta provinciæ Forcalqueriique comitatum. *Aix, Nic. Pillehotte et J. Tholosan*, 1598. — Généalogie des comtes de Provence. *Aix, id.* 1598, pet. in-4, parch. (*Déchirure au titre et aux dern. ff. du second ouvrage, emportant du texte.*)

385. La Voye de laict, ou le chemin des héros au palais de la gloire, ouvert à l'entrée triomphante de Louis XIII en la cité d'Avignon, le 16 novembre 1622. *Avignon*, 1623, in-4, front. et 8 grandes figures, mar. rou., dent., tr. dor.

Le catalogue Ruggieri annonce 1 portrait qui ne se trouve pas dans notre exemplaire.

386. Mémoires ou livre de raison d'un bourgeois de Marseille (1674-1726), par Thénard. *Montpellier*, 1881, in-8, br.

387. Histoire de la poésie provençale, par C. Fauriel. *Paris*, 1846, 3 vol. in-8, br.

388. Description de l'Isle de Corse, par Belin. *Paris, Didot*, 1769, in-4, et atlas de 35 cartes en 1 vol. dem.-rel.

Diverses Provinces.

389. Voyage pittoresque et romantique de l'ancienne France, par Ch. Nodier, J. Taylor et de Cailleux. *Paris*, *Gide*, *Imp. de Didot*, 1820 et ann. suivantes.

1° Franche-Comté, 1 vol. in-fol. dem.-bas. r., n. rogn.
2° Normandie (Haute), 2 vol. in-fol., dem.-bas. r., n. rogn.
3° Auvergne, 2 vol. in fol. dem.-bas. r., n. rogn.
4° Languedoc, 2 vol. in-fol. dem.-bas. r., n. rogn., et livraisons 75 à 116. (Complet).
5° Picardie en 136 livraisons in-fol. (Complet).
6° Dauphiné, livraisons 1 à 44, in-fol.
7° Bretagne, en 91 livraisons in-fol. (Complet).
8° Champagne, livraisons 1 à 77, en livraisons.

390. L'Alsace ancienne et moderne, ou dictionnaire géographique, historique du Haut et du Bas-Rhin, par J. Baquol. *Strasbourg*, 1851, in-8, dem.-rel.

391. L'Alsace, récits historiques d'un patriote, par Edouard Siebecker, illustrations de F. Lix. *Paris*, *Polo*, 1873, gr. in-8, fig. carte, dem.-chag. noir avec coins, tr. supér. dor.

392. Metz, campagne et négociations, par un officier supérieur de l'armée du Rhin. *Paris*, 1872, in-8, br.

393. Alaise, Alise, études par Révillout. 1856, in-8, br. — L'Alésia de César rendue à la Franche-Comté, par J. Quicherat. 1857, br. in-8. — Lettre sur l'Alésia de César par Desjardins. 1858, br. in-12.

394. Journal de Jehan Glaumeau (Bourges, 1541-1562), par Hiver. *Bourges*, 1867, in-8, br.

395. Histoire civile, religieuse et littéraire de l'abbaye de la Trappe et des autres monastères de la même observance, par L. Dubois. *Paris*, 1824, in-8, dem.-chag. roug.

396. Notes d'un voyage dans l'ouest de la France, par Pr. Mérimée. *Paris*, *Fournier*, 1836, in-8, br.

397. Histoire de l'abbaye royale de Saint-Benoit-sur-Loire, par l'abbé Rocher, orné de 21 pl. *Orléans*, 1865, gr. in-8, br.

398. Urbain Grandier et les possédées de Loudun, documents inédits de M. Ch. Barbier, publ. par G. Legué. *Paris*, 1880, gr. in-8, fac-similés, br.

Exemplaire tiré sur chine.

399. Recueil de 14 br. en 1 vol. in-8. La plupart sur le Limousin.

Cartier. Notice sur les monnaies du Limousin. 1841, fig. — Description du château de Chalusset par l'abbé Arbellot. Limoges, 1851. — Des communes du Périgord par le vicomte de Gourgue, 1843. — Notice sur les émaux, les émailleurs de Limoges. — Revue archéol. de la Haute-Vienne, 1852. — Atelier de verriers à La Ferté-Bernard, au xve et au xvie siècle, par Charles, 1852, etc.

400. Description de la Limagne d'Auvergne en forme de dialogue, avec plusieurs médailles, statues, oracles, épitaphes, sentences, etc., trad. de l'italien de Gabr. Syméon en langue françoise, par Ant. Chappuys du Dauphiné. *Lyon*, *Guil. Rouille*, 1561, pet. in-4, fig., de 144 p. et 3 ff. de table, et la grande planche de la Limagne, mar. rou. à compart., tr. dor. (Lortic).

Très bel exemplaire de ce livre rare.

401. Voyage d'Auvergne, par Le Grand d'Aussy. *Paris*, 1788, in-8, br.

402. Notes d'un voyage en Auvergne, par Pr. Mérimée. *Paris*, *Fournier*, 1838, in-8, br.

403. Mémoires de Fléchier sur les grands jours d'Auvergne en 1665. *Paris*, *Hachette*, 1856, in-8, dem.-mar. bl., tr. sup. dor., n. rogn.

404. Étude historique sur Vezelay, par Aimé Chérest. *Auxerre*, 1863, 3 vol. in-8, pap. verg., dem.-chag. vert, av. coins, tr. sup. dor., n. rogn.

405. Recherches sur l'antiquité des Mauves et Tournon et origines des seigneurs de Tournon, 1565, par Jean Pelisson, de Condrieu, premier principal du collège de Tournon, pet. in-fol., dem.-rel.

Copie manuscrite faite sur l'original aujourd'hui perdu.

406. Les Baronnies du Velay, par Truchard du Molin. *Paris*, 1870, in-8, br.

407. Étude sur les torrents des Hautes-Alpes, par Alex. Surell, avec une suite par Ernest Cézanne. *Paris*, 1870, 2 vol. gr. in-8, br.

408. L'Indicateur fidèle ou guide des voyageurs par le sieur Michel et Desnos. *Paris*, 1771, in-4, front. et 18 cartes, v.

Recueil entièrement gravé dans le genre du plan de Paris de Denis et Pasquier, spécial pour la France.

409. Gallia christiana, opera et studio D. Sammarthani Lut. *Paris*, 1715, in-fol. mar. roug. à compart. tr. dor. (*Aux armes du pape Clément XI.*)

Exemplaire en grand papier; tome Ier, comprenant les églises d'Albi Castres, Cahors, Arles, Marseille, Avignon, etc.

410. Voyage dans les départements du midi de la France, par Millin. *Paris*, 1807, 4 part. en 5 vol. in-8, et atlas in-4, br.

HISTOIRE DES PAYS ÉTRANGERS, VOYAGES, ETC.

Europe.

411. Mœurs et caractères des peuples, par Richard Cortambert. *Paris*, *Hachette*, 1879, 2 vol. gr. in-8, br.

412. L'Europe au moyen âge, trad. de l'anglais de Hallam, par Borghers et P. Dudouit. *Paris*, 1837, 4 vol. in-8, dem.-chagr. v.

413. Description historique du voyage de Georges Chingen en 10 différents royaumes (en allemand). *Augspurg*, 1600, petit in-fol., dem.-bas. rou.

Cet ouvrage renferme dix beaux portraits gravés.

414. L'Histoire d'Angleterre, par Guizot. *Paris*, *Hachette*, 1877, 2 vol. gr. in-8 illustré, br.

415. Charles Ier, sa cour, son peuple et son parlement, par Ph. Chasles. *Paris*, *L. Janet*, *s. d.*, gr. in-8 illustré, cart., non rogn.

416. Histoire d'Elisabeth, royne d'Angleterre, trad. du latin de G. Camden, par Paul de Bellegent. *Paris*, 1627, in-4, portr., v. br.

417. Mémoires sur la cour d'Elisabeth, reine d'Angleterre,

par Lucy Aikin, traduits de l'anglais par Mme Aragon. *Paris*, 1827, 3 vol. in-8, br.

418. Réminiscences, souvenirs d'Angleterre et d'Italie, par Mme Aug. Craven. *Paris*, 1879, in-8, br.

419. Histoire de la fondation de la République des Provinces-Unies, par Lothrop Motley, traduit par Guizot. *Paris, Lévy*, 1859, 4 vol. in-8, br.

420. Bergues sur le Soom, assiégée le 18 juillet 1622 et désassiégée le 3 octobre suivant, selon la description faite par les trois pasteurs de l'église d'icelle (par Lambert de Rycke, Nath. de Vay et Joh. de Rieu). *Middelbourg*, 1623, petit in-4, dem.-rel. (*Déchirure au titre.*)

421. Relation du voyage d'Espagne (par Mme d'Aulnoy). *Paris, Cl. Barbin*, 1699, 3 vol. in-12, dem.-mar. laval., avec coins, tr. peign.

422. Description des monuments de Rhodes, par le colonel Rottiers. *Bruxelles*, 1830, 2 vol. in-4, dont atlas cart.

423. Histoire de la révolution grecque, par Soutzo. *Paris, Didot*, 1829, in-8, br.

424. La Grande-Grèce, paysages et histoire, par François Lenormant. *Paris, Lévy*, 1881, 2 vol. in-8, br.

425. Les Serbes de Hongrie, leur histoire, leurs privilèges, leur église, leur état politique et social. *Prague*, 1873, 2 vol. gr. in-8, br.

426. Voyage dans la Russie méridionale et la Crimée, par Anatole de Démidoff, illustré de 64 dessins, par Raffet. *Paris, Bourdin*, 1840, gr. in-8, dem.-chagr. viol. (*Taches de rousseur.*)

427. Essai sur l'histoire religieuse des nations slaves, par le comte Valérien Krasinski, trad. de l'anglais. *Paris*, 1853, gr. in-8, br.

428. Souvenirs d'un voyage en Sibérie, par Christophe Hansteen, traduits du norvégien par Mme Colban et Sédillot. *Paris, Perrotin*, 1857, in-8, dem.-chagr. roug.

429. Deux années de mission à Saint-Pétersbourg, par le

comte Hector de La Ferrière. *Paris, Imp. Imp.*, 1867, gr. in-8, dem.-chagr. rou., tr. supér. dor., n. rogn.

430. Henri de Valois et la Pologne en 1572, par le marquis de Noailles. *Paris, Lévy*, 1867, 3 vol. in-8, carte, br.

431. Histoire de la scission ou division arrivée en Pologne le 27 juin 1697 au sujet de l'élection d'un roi, par de La Bizardière. *Suiv. la copie à Paris, chez Josselin*, 1700, in-12, dem.-mar. rou., avec coins, non rogn.

Asie.

432. Geoffroy de Ville-Hardouin. Conquête de Constantinople, publ. par M. Natalis de Wailly. *Paris, F. Didot*, 1874, gr. in-8, br. (*On y a joint l'Analyse historique et littéraire, par Marius Sepet, br. gr. in-8.*)

433. Histoire de l'Ile de Chypre sous le règne des princes de la maison de Lusignan, par de Mas Latrie. *Paris, Imp. Imp.*, 1861, 3 vol. gr. in-8, br.

434. Lettres d'un voyageur dans l'Inde, par E. Hæckel, trad. de l'allemand, par Letourneau. *Paris*, 1883, in-8, cart. percal., non rogn.

435. La Frontière indienne, par Lucien Biart. *Paris, Hetzel, s. d.*, gr. in-8, fig., br.

436. Vingt et un jours à la Mer Morte, par Edouard Delessert. *Paris, Crapelet*, 1851, in-8, dem.-cuir de Russie, avec coins. (*Tiré à 53 exemplaires.*)

437. Voyage à Méroé, au Fleuve Blanc (1819-1822), par Cailliaud. *Paris, Imp. R.*, 1826, 4 vol. in-8, dem. v.

438. Relation des Mongols ou Tartares, par le frère Jean Du Plan de Carpin, première édition complète, publ. par d'Avezac. *Paris*, 1838, in-4, fac-similé, chag. v., orn. sur les plats, tr. dor.

439. Voyages en Perse, dans l'Afghanistan, le Bélouchistan et le Turkestan, par Ferrier. *Paris, Dentu*, 1860, 2 vol. in-8, br.

440. Voyage de Chardin en Perse, par Langlès. *Paris*,

1811, 10 vol. in-8, v. rac., dent. et atlas, gr. in-fol., dem.-rel.

Afrique.

441. Ismaïlia, récit d'une expédition dans l'Afrique centrale, pour l'abolition de la traite des noirs, par Sam. White Baker, trad. de l'anglais, par H. Vattemare. *Paris, Hachette*, 1871, in-8, fig., br.

442. Voyages et découvertes dans l'Afrique septentrionale et centrale (1849-1855), par H. Barth, traduit de l'allemand par P. Ithier. *Paris*, 1860, 4 vol. in-8, pl., br.

443. Recherches sur les voyages et découvertes des navigateurs normands en Afrique, dans les Indes-Orientales et en Amérique, observations sur la marine, par L. Estancelin. *Paris*, 1832, in-8, br.

444. Histoire de Barbarie et de ses corsaires, par le R. P. Pierre Dan. *Paris*, 1649, in-fol., v. br.

445. Le Désert et le Soudan, études sur l'Afrique au nord de l'équateur, par le comte d'Escayrac de Lauture. *Paris*, 1853, gr. in-8, fig., br.

446. Voyages et aventures dans l'Afrique équatoriale, par Paul Du Chaillu. *Paris*, 1863, gr. in-8, illustré, dem.-chagr. v., tr. supér. dor., n. rogn.

Amérique.

447. Atlas géographique, statistique, historique et chronologique des deux Amériques et des îles adjacentes, publ. par Buchon. *Paris*, 1825, gr. in-fol., 63 pl., cart.

448. Découverte de l'Amérique par les Normands au xe siècle, par G. Gravier. *Rouen*, 1874, pet. in-4, cart. br.

449. Histoire de la guerre civile en Amérique, par le comte de Paris. *Paris, Michel Lévy*, 1874, 4 vol. in-8, et atlas in-fol., br.

450. Correspondance de Fernand Cortès avec l'empereur

Charles-Quint, sur la conquête du Mexique. *En Suisse*, 1779, in-8, br.

451. Voyages de Marco-Polo. *Paris*, 1824, in-4, dem.-mar. br. (Tome Ier du recueil de voyages et mémoires, publ. par la Société de Géographie.)

452. Les Voyages adventureux de Fernand Mendez Pinto, fidèlement traduicts de portugais en français par le sieur Bernard Figuier. *Paris*, 1628, in-4, v. v., fil., tr. dor.

453. Journal du voyage de Vasco de Gama en 1497, trad. du portugais, par Arthur Morelet. *Lyon, impr. de Louis Perrin*, 1864, in-4, cartes, br.

454. Le Victorial, chronique de Don Pedro Nino, comte de Buelna, par Gutierre Diaz de Gamez (1379-1449), traduit de l'espagnol par le comte Albert de Circourt et le comte de Puymaigre. *Paris*, *Palmé*, 1867, in-8, br.

455. Aventures d'un gentilhomme breton aux îles Philippines, par de La Gironière. *Paris*, 1855, gr. in-8, illustré, dem.-chagr. v.

456. Les Hollandais au Brésil, notice historique sur les Pays-Bas et le Brésil au XVIIe siècle, par Netscher. *La Haye*, 1858, gr. in-8, portr., carte, br.

457. A travers l'Amérique centrale, le Nicaragua et le canal interocéanique, par Félix Belly. *Paris*, 1867, 2 vol. in-8, carte, br.

458. Voyage dans la haute Pensylvanie et dans l'État de New-York (par J.-H. Saint-John Crève-Cœur). *Paris*, *Crapelet*, 3 vol. in-8, dem.-v., non rog., avec atlas in-fol.

459. Expédition du Mexique, 1861-1867, récit politique et militaire, par Niox. *Paris*, *Dumaine*, 1874, gr. in-8, et atlas in-fol., br.

460. Histoire de la Floride française, par P. Gaffarel. *Paris*, *Didot*, 1875, in-8, 2 cartes, br.

461. Relation des îles Pelew, situées dans la partie occidentale de l'Océan pacifique, trad. de l'anglais de G. Keate. *Paris*, 1788, in-4, v. m., fil.

462. Relation du voyage du prince de Montberaud dans l'île de Naudely (par P. de Lesconvel). *Mérinde*, 1706, in-12, v.

463. La France aux colonies, par Rameau. Les Français en Amérique, Acadiens et Canadiens. *Paris*, 1859, in-8, br.

SCIENCE HÉRALDIQUE

464. Dissertations historiques et critiques sur la chevalerie ancienne et moderne, par Honoré de Sainte-Marie. *Paris*, 1718, in-4, fig., br.

465. Preuves de l'histoire de l'illustre maison de Coligny, par du Bouchet. *Paris*, 1662, in-fol., carte, v. br. fil. (*Rel. fatiguée, mouillures.*)

466. Le Blason des couleurs en armes, livrées et devises, par Sicille, publ. par H. Cocheris. *Paris*, *Aubry*, 1860, in-12 (blasons coloriés), cart.

467. Origine et pratique des armoiries à la Gaulloise, qui est la première partie du formulaire des arts, en français et en latin, par le père Ph. Monet. *Lyon*, 1631, in-4, vél. (*Mouillures.*)

468. A Genealogical and heraldic Dictionary of the peerage and baronetage of the British Empire, by sir B. Burke. *London*, 1869, gros in-8, nombreux blasons, percal.

BIOGRAPHIE

469. Les Vies des hommes illustres grecs et romains, par Plutarque, translatées de grec en français par Amyot. *Paris*, *Cl. Morel*, 1619, 2 vol. in-fol., mar. rou., fil., tr. dor.

Superbe exemplaire réglé, en ancienne reliure bien conservée.

470. Vie des grands hommes, par de Lamartine. *Paris*, 1856, 5 vol. in-8, dem.-chag., non rogn.

471. Les Eloges et vies des reynes, princesses, dames et damoiselles illustres, par Hilarion de Coste. *Paris*, 1630, in-4, mar. rou. à compart., tr. dor. (*Ancienne reliure.*)

472. Le Chancelier d'Aguesseau, sa conduite et ses idées politiques, par Fr. Monnier. *Paris, Didier*, 1860, in-8, br.

473. Vie de la reine Anne de Bretagne, par Le Roux de Lincy. *Paris*, 1850, 4 tomes en 2 vol. in-8, fig., dem.-mar. lavall., avec coins, tr. supér. dor., non rogn.

474. Les Correspondants de la marquise de Balleroy, par le comte Ed. de Barthélemy. *Paris*, *Hachette*, 1883, 2 vol. in-8, br.

475. Maine de Biran, sa vie et ses pensées, par E. Naville. *Paris*, *Didier*, 1874, in-8, br.

476. Petri Castellani, Vita, auctore Petro Gallandio, edid. Stephanus Baluzius. *Parisiis*, 1674, petit in-8, br.

Exemplaire non coupé.

477. Charlemagne, par Alphonse Vétault, introduction par Léon Gautier. *Tours*, *Mame*, 1877, gr. in-8, fig. et chromolith., br.

478. Mémoires touchant le temps et la vie du général Aug. Colbert (1793-1809), par Colbert, marquis de Chabanais (son fils). *Paris*, *Didot*, 1863, 2 vol. in-8, pap. vergé, br.

479. Vie du Dante, par le comte C. Baldo, traduit de l'italien par Mme la comtesse de Lalaing. *Bruxelles*, 1844, 2 vol. in-8, br.

480. Histoire de la vie politique, militaire et administrative du maréchal Davout, par G. de Chénier. *Paris*, 1866, 2 vol. in-8, br.

481. Camille Desmoulins, Lucile Desmoulins, étude sur les Dantonistes, par J. Claretie. *Paris*, *Plon*, 1875, in-8, broché.

482. Abraham Du Quesne et la marine de son temps, par Jal. *Paris*, *Plon*, 1873, 2 vol. gr. in-8, br.

483. Le Marquis de Grignan, par Frédéric Masson. *Paris, Plon*, 1882, in-8, br.

484. La Marquise d'Huxelles et ses amis, par Edouard de Barthélemy. *Paris, Didot*, 1881, gr. in-8, br.

485. L'Histoire du cardinal duc de Joyeuse, par le sieur Aubery. *Paris*, 1654, in-4, v. br.

486. La Fontaine et les fabulistes, par Saint-Marc Girardin. *Paris, Lévy*, 1867, 2 vol. in-8, br.

487. Aurora Leigh, by Elisabeth Barrett Browning. *London*, 1857, in-12, cart., non rogn.

488. Essai sur la vie, les écrits et les opinions de Malesherbes. *Paris*, 1819, 2 vol. in-8, dem.-v.

489. Mendoza et Navarrete, notices biographiques, par Duflot de Mofras. *Paris, Imp. Roy.*, 1845, in-4, br.

490. Les Points obscurs de la vie de Molière, par J. Loiseleur. *Paris, Liseux*, 1877, petit in-8, br.

491. Le Comte Pelet de la Lozère, pensées morales et politiques, par Ernest Dhombres. *Paris, Lévy*, 1873, in-8, broché.

492. Le Comte de Plélo, un gentilhomme français au XVIIIe siècle, guerrier, littérateur et diplomate, par Barthélemy. *Paris, Plon*, 1876, in-8, br.

493. Madame Récamier, with a sketch of the history of society in France, by Mme M***. *London*, 1862, in-8, cart.

494. Le Duc de Saint-Simon, son cabinet et l'historique de ses manuscrits, par Armand Baschet. *Paris, Plon*, 1874, in-8, dem.-chag. rou., tr. supér. dor., non rogn.

495. Voltaire, six conférences par Strauss, traduit de l'allemand par Louis Narval. *Paris, Reinwald*, 1876, in-8, br.

496. Une Famille de finance au XVIIIe siècle, par A. Delahante. *Paris, Hetzel*, 1881, 2 vol. in-8, fig., br.

497. Mélanges biographiques et littéraires, par Guizot. *Paris, Lévy*, 1868, in-8, br.

498. Les Femmes d'artistes, par Alph. Daudet, avec une eau-forte de A. Gill. *Paris, Lemerre*, 1834, in-12, br.

499. Rétif de La Bretonne, sa vie et ses amours, par Ch. Monselet. *Paris, Alcarès*, 1854, in-12, portr., dem.-mar. v., tr. supér. dor., non rogn.

500. Nouvelle biographie générale, publ. par MM. Firmin Didot et le docteur Hoefer. *Paris, Didot*, 1855-66, 45 vol. in-8, br.

BIBLIOGRAPHIE

501. De l'Origine de la signature et de son emploi au moyen âge, par M. Guigne. *Paris*, 1863, in-8, br.

502. Mélanges de paléographie et de bibliographie, par Léopold Delisle. *Paris, Champion*, 1880, in-8, br.

503. Geoffroy Tory, premier imprimeur royal, par Auguste Bernard. *Paris*, 1865, in-8, pap. verg. de Holl., br.

504. Rapport adressé de son excellence le Ministre d'État, sur l'organisation de la Bibliothèque impériale, par M. Félix Ravaisson. *Paris*, 1862. — La Bibliothèque impériale et les Archives de l'empire, réponse au rapport de M. Ravaisson, par M. Natalis de Wailly. 1863, in-8, dem.-rel.

505. La Police des livres au XVIe siècle. — Livres et chansons mis à l'index, par de Freville. *Paris*, 1853, br., gr. in-8.

506. Documents historiques inédits, tirés des collections manuscrites de la Bibliothèque royale, publ. par Champollion Figeac. *Paris, Didot*, 1841-48, 4 vol. in-4, cart., n. rogn.

507. Catalogue des livres imprimés, manuscrits et autographes composant la bibliothèque de feu M. le comte Abrial. *Paris, Garnot*, 1828-41, 2 part. en 1 vol. in-8, dem.-v. (*Avec prix.*)

508. Caprices d'un bibliophile, par Octave Uzanne. *Paris, Rouveyre*, 1878, pet. in-8, eau-forte, br. (*Epuisé.*)

509. Revue des documents historiques, publ. par Etienne Charavay, années 1873, 74, et de juillet 1876 à juillet 1877. In-8, br. et livr.

510. Bulletin du bibliophile, revue mensuelle, publ. par Techener. *Paris, Techener*, années 1848 à 1883, in-8, br. et en livrais.

ANGERS, IMPRIMERIE A. BURDIN ET Cie, 4, RUE GARNIER.

www.ingramcontent.com/pod-product-compliance
Ingram Content Group UK Ltd.
Pitfield, Milton Keynes, MK11 3LW, UK
UKHW021505260726
13993UKWH00004B/1569

9 782329 514710